연세 한국어

읽기 4

연세대학교 한국어학당 편

연세대학교 출판문화원

연세 한국어 읽기 4

편저자 연세대학교 한국어학당 교재편찬위원회
집필진 한상미 · 강영선 · 손은경 · 김보경 · 이계윤
펴낸곳 연세대학교 출판문화원

주소 서울시 서대문구 연세로 50
전화 2123-3380~2
팩스 2123-8673
ysup@yonsei.ac.kr
http://www.yonsei.ac.kr/press
등록 1955년 10월 13일 제9-60호
인쇄 (주)네오프린텍
삽화 디투웍스
녹음 MS미디어
성우 윤미나 · 전광주

2010년 10월 22일 1판 1쇄 2024년 2월 23일 1판 12쇄
ISBN 978-89-7141-932-8 (08710)

값 19,000원(CD 포함)

머리말

국내 최고의 명성으로 한국어 교육의 50년 전통을 이어 온 연세대학교 언어연구교육원 한국어학당에서는 한국어 교육의 질을 높이기 위해 그 동안 많은 교재를 편찬해 왔다. 최근 한국과 한국 문화에 대한 세계인들의 관심이 높아지고 한국어를 배우고자 하는 해외 동포와 외국인이 늘면서 한국어 교재에 대한 학습자들의 요구도 다양해졌다. 이에 따라 연세대학교 언어연구교육원 한국어학당에서는 다양한 학습자들을 대상으로 한국어와 한국 문화를 교육할 수 있는 새로운 교재를 출간하게 되었다.

연세대학교 언어연구교육원 한국어학당에서 출간하는 '연세 한국어 읽기 4'는 한국어 중급 학습자를 위한 읽기 교재로 한국과 한국 문화에 관한 다양하고 흥미 있는 글을 읽게 함으로써 주제와 관련된 어휘력을 늘리고 이해의 폭을 넓힐 수 있도록 하였다. 또한, 중급 수준의 다양한 텍스트 유형을 접할 수 있도록 함으로써 한국어 문어 텍스트의 실제적 이해 능력 향상에 도움이 되도록 하였다.

'연세 한국어 읽기 4'는 중급 한국어 읽기 학습에서 필요한 내용을 주제로 본문을 구성하되 다양한 실제적 문어 텍스트를 제시하고자 노력하였다. 아울러 어휘력 향상을 위해 어휘 연습의 기회를 단계적으로 제시하고, 읽기뿐만 아니라 말하기, 쓰기 능력을 균형 있게 향상시킬 수 있도록 읽기 전 단계, 읽기 단계, 읽기 후 단계 별로 적절하게 다양한 과제나 활동을 제시하였다. 또한 다양한 주제의 응집력 있는 글을 읽음으로써 읽기 학습과 동시에 자연스럽게 한국어와 한국 문화를 폭 넓게 이해할 수 있도록 하였다.

'연세 한국어 읽기 4'가 연세대학교 언어연구교육원 한국어학당에서 공부하는 학생들뿐만 아니라 한국어를 정확하게 이해하고 구사하려는 모든 한국어 학습자들에게 도움이 되기를 바란다.

연세대학교 언어연구교육원
한국어학당 교재편찬위원회

일러두기

- '연세 한국어 읽기 4'는 총 10개의 과로 구성되어 있으며 각 과는 3개의 소주제로 이루어졌다. 10개 과의 주제는 '연세 한국어 4'의 주제에 기반하여 구성하였으며 3개의 소주제는 각 과의 주제와 연관되어 있는 것으로 4급 수준에 적절하고 다양한 소재를 사용하여 학습자의 흥미를 끌 수 있도록 하였다.

- 각 과의 3개의 소주제 중 〈1〉은 한 시간용, 〈2〉와 〈3〉은 두 시간용으로, 짧고 쉬운 글에서 난이도가 높은 글의 순서로 배치하였으며 각 수업 상황과 학습자의 수준에 따라 적절히 선택하여 사용할 수 있도록 하였다.

- 각 과는 도입 그림과 도입 질문, 본문, 어휘 연습, 내용 이해, 더 생각해 봅시다로 구성되었다.

- 도입 그림과 질문은 읽기 전 단계로, 읽을 내용과 관련된 그림이나 사진을 제시하여 배경 지식을 활용하여 글의 이해에 도움을 주고자 하였다. 도입 질문은 그림이나 사진에 관련된 질문과 주제에 관련된 학습자의 경험을 묻는 질문으로 구성하였다.

- 본문은 가능한 한 흥미롭게 구성하고자 하였으며, 수필, 설명문, 논설문, 감상문, 비평문, 기사문, 시, 인터뷰, 칼럼 등 다양한 유형의 텍스트를 사용하였다.

- 어휘는 본문 아래에 한국어로 의미를 풀어서 설명하여 중급 학습자들이 그 의미를 쉽게 이해할 수 있도록 제시하였다. 어휘 수는 짧은 글은 10개~15개, 긴 글은 20개 정도를 크게 넘지 않는 범위로 한정하였다.

- 어휘 연습은 3단계로 이루어져 있다. 1단계는 본문의 새 어휘를 중심으로 기본 개념을 파악하는 연습, 2단계는 본문에 나온 어휘를 문장 안에서 문맥에 적절하게 활용하는 연습, 3단계는 본문 어휘와 관련된 파생어, 연어, 관용구, 동의어, 유의어, 반의어 등을 활용해 보는 어휘 확장 연습을 주된 내용으로 구성하였다.

- 내용 이해는 5단계로 이루어져 있다. 1~2단계는 글의 전체적인 구조 및 개요를 파악하는 질문, 3~4단계는 각 문단의 핵심 내용을 확인하는 질문, 5단계는 세부적인 내용을 이해했는지 확인하는 질문으로 구성하였다.

- 더 생각해 봅시다는 읽은 후 활동으로 의견 발표하기, 조사하기, 표현 바꾸기, 비유하기, 설문 응답하기와 같은 다양한 과제와 활동을 통해서 주제와 관련된 심화 학습 또는 보충 학습을 할 수 있도록 구성하였다.

- 모범 답안에는 어휘 연습과 내용 이해에 관한 문제의 해답을 제시하여 학습자들이 혼자 공부하는 데에 어려움이 없도록 하였다.

- 어휘 색인에는 각 과의 주요 어휘를 가나다 순으로 정리하였으며 각 어휘가 수록된 쪽수를 함께 제시하여 교사나 학습자 모두가 편리하게 사용할 수 있도록 하였다.

- 출전에서는 본문을 구성하는 데 도움을 받은 책이나 웹 사이트 등을 밝혔다.

차례

내용 구성

과	대주제	소주제	글의 유형
01	나의 생활	〈1〉 살기 좋은 도시	칼럼
		〈2〉 향기 나는 여자, 느낌이 좋은 남자	수필
		〈3〉 내 고향 서울	수필
02	사람의 성격	〈1〉 우물에 가서 숭늉 찾는다	설명문
		〈2〉 마음에는 형태가 있다	수필
		〈3〉 문제도 해결책도 내부에 있습니다	상담
03	우리들의 일상	〈1〉 경고문에 담긴 세상	논설문
		〈2〉 동전 한 개의 오블리주	논설문
		〈3〉 노래와 일상	비평
04	한국의 문화	〈1〉 인터넷 사랑방	설명문
		〈2〉 '우리' 중심의 동양인	설명문
		〈3〉 말 안 해도 알지?	설명문
05	시간과 변화	〈1〉 변화하는 가족	기사
		〈2〉 일한다는 것	수필
		〈3〉 말에 담긴 세상	논설문
06	지식과 사회	〈1〉 나라마다 다른 골뱅이 이름	수필
		〈2〉 텔레비전 끄기 운동	기사
		〈3〉 삶의 등대, 도서관	논설문
07	한국의 민속	〈1〉 솟대와 장승	설명문
		〈2〉 오일장	설명문
		〈3〉 음식 속에 담긴 의미	설명문
08	생활과 경제	〈1〉 공정무역이란 무엇인가?	설명문
		〈2〉 알뜰족	수필
		〈3〉 탄소 발자국	수필
09	축제와 삶	〈1〉 축제란 무엇인가?	설명문
		〈2〉 춘향제에 다녀와서	감상문
		〈3〉 인제 빙어 축제	기사
10	현대를 살아가는 사람들	〈1〉 아름다운 세상을 여는 사람	인터뷰
		〈2〉 핸드폰 때문에 생긴 일	수필
		〈3〉 현대인의 삶과 시	시

제1과 나의 생활

01 살기 좋은 도시

• 어떤 도시가 살기 좋은 곳이라고 생각합니까?

• 어떻게 하면 살기 좋은 도시를 만들 수 있을까요?

세계에서 가장 살기 좋은 도시는 어디일까? 한 월간지가 교육, 소득 수준, 환경오염, 자연재해와 관련된 정책[1]에 대하여 세계 70여 개 대도시를 조사한 결과 스웨덴의 스톡홀름과 노르웨이의 오슬로, 독일의 뮌헨, 프랑스의 파리 등 유럽 선진국 도시들이 높은 순위[2]를 차지했다[3]. 이 도시들에 대한 평가 내용 중에는 환경과 관련된 것도 포함되어 있다. 이러한 사실을 통해 최근에는 경제적 수준뿐만 아니라 깨끗한 환경을 유지하고 시민들에게 그 혜택[4]을 나누어 줄 수 있는 것이 살기 좋은 도시의 주요 조건이라는 것을 알 수 있다.

경제적으로 크게 발전한 도시는 아니지만 좋은 평가를 받은 도시 중에 브라질의 꾸리찌바(Curitiba)가 있다. 상파울루에서 320km 정도 떨어져 있는 도시 꾸리찌바는 1970년대 초만 해도 다른 도시들처럼 여러 문제를 가지고 있었다. 건축가 출신인 꾸리찌바 시장은 비용을 적게 들이고 환경을 파괴하지[5] 않으면서도 많은 사람들이 혜택을 받을 수 있는 정책들을 생각해 냈다고 한다.

첫째, 꾸리찌바 시는 쓰레기를 재활용하여 그 수익[6]을 시민들에게 돌려주었다. 트럭 몇 대가 15일마다 저소득층[7]이 살고 있는 교외 여러 곳을 돌아다니는데 이때 주민들이 모아 둔 재활용 쓰레기를 가져가면 필요한 식료품으로 교환해 주었다. 이 트럭들은 녹색 트럭이라고 불렸고 이런 활동을 통해 시민들은 재활용이 중요한 것을 알게 되었다. 둘째, 새로운 버스 노선을 개발하여[8] 시민들이 대중교통을 편리하게 이용할 수 있도록 했다. 원래 있던 큰길을 버스 전용 차로로 만들어 불필요한 개발을 막았고, 환승 정류장 근처에 시청과 병원, 쇼핑센터 등을 지어 교통량을 줄이는 데 성공하였다. 이렇게 꾸리찌바 시는 쓰레기를 줄여 시민들에게 수익을 돌려주었고 환경을 파괴하지 않고 최소한의 개발을 하여 전 세계 관광객이 찾는 모범적인 환경 도시가 되었다.

그렇다면 우리의 수도 서울은 어떠한가? 서울은 이미 국제 행사를 여러 번

---

1) 정책 정부에서 정치적, 경제적인 목적을 이루기 위해 세운 방책(방법).
2) 순위 순서를 나타내는 위치.
3) 차지하다 물건이나 공간, 지위를 자기 것으로 만들다.
4) 혜택 도움이나 이익이 되는 것.
5) 파괴하다 부수다, 무너뜨리다.
6) 수익 이익을 얻음.
7) 저소득층 소득이 낮은 계층.
8) 개발하다 땅이나 자원 등을 생활에 유용하게 만들다.

개최하여 세계적인 도시로 자리를 잡았다. 미국 뉴욕타임스는 '2010년 가 볼 만한 곳'으로 31개 도시를 선정하였고 그 중 서울을 세 번째로 소개했다. 선정 이유는 서울 시내의 카페와 식당, 멋진 미술관, 패션 명소, 웅장한[9] 고궁 등을 즐길 수 있다는 것이었다. 정말 반가운 소식이 아닐 수 없다.

2000년대 들어 서울시는 버스 중앙 차로를 만들고 시멘트로 덮여 있던 청계천을 복원했으며[10], 최근 생태[11] 공원이나 자전거 도로를 늘려서 더욱 쾌적한 도시의 모습을 갖추어 가고 있다. 그러나 다른 한편으로는 고층 건물이나 아파트 건설[12]이 활발하게[13] 이루어지고 있어서 이러한 개발이 오히려 자연을 파괴하는 것이 아닌지 생각하게 된다. 시민의 주택 문제를 해결해 주는 고층 아파트를 짓는 일도 필요하지만 자연과 함께 하는 삶이 가능하도록 서울의 한강, 산과 숲을 보호하려는 원칙[14]을 지키는 것이 중요하다. 이를 위해서 여러 분야[15]의 전문가들과 서울 시민들의 다양한 의견을 앞으로의 정책에 반영하여[16] 서울을 누구나 살고 싶어 하는 도시로 만들어 가야 할 것이다.

칼럼니스트 최현수 (연세신문 칼럼)

---

9) 웅장하다 규모가 아주 크다.
10) 복원하다 원래 모습대로 회복하다.
11) 생태 동물과 식물이 자연계에 살고 있는 상태.
12) 건설 건물이나 시설을 새로 만들어 세우는 것.
13) 활발하다 힘차고 생기있다.
14) 원칙 지켜야 하는 기본적인 규칙이나 법칙.
15) 분야 여러 종류로 나누어진 범위나 부분.
16) 반영하다 다른 것에서 영향을 받아서 어떤 것을 나타내다.

어휘 연습

1. 빈칸에 알맞은 어휘를 쓰십시오.

[보기]
개최하다 복원하다 파괴하다 포함되다

1) 내가 지불하는 물건 값에는 세금까지 모두 ....어/아/여 있다.

2) 한국과 일본은 2002년에 공동으로 월드컵 대회를 ....었다/았다/였다.

3) 인간이 도시를 개발하면서 어쩔 수 없이 자연을 ....는/은/ㄴ 경우가 생겼다.

4) 불에 탄 문화재를 원래의 모습대로 ....는/은/ㄴ 데는 많은 시간과 노력이 필요할 것이다.

2. 두 어휘의 관계가 다른 것을 고르십시오. (   )

❶ 수익 – 혜택

❷ 건설 – 파괴

❸ 최소한 – 최대한

❹ 저소득층 – 고소득층

3. 빈칸에 알맞은 어휘를 쓰십시오.

[보기]
값 금메달 순서 점수 1위 25% 투표 행사 환경운동

1) 값,	..................을/를 매기다
2) 환경운동,	..................에 참여하다
3) 1위,	..................을/를 차지하다

YONSEI KOREAN READING 4

내용 이해

1. 이 글을 쓴 목적은 무엇입니까? (　　　)

❶ 유럽 선진국의 여러 도시를 소개하기 위해서

❷ 꾸리찌바 시가 발전한 이유를 설명하기 위해서

❸ 관광객이 많이 찾는 도시를 만들자는 주장을 하기 위해서

❹ 서울을 더 살기 좋은 도시로 만드는 방향을 제시하기 위해서

2. 세계에서 가장 살기 좋은 도시를 뽑을 때의 기준은 무엇입니까?

3. 꾸리찌바 시가 모범적인 환경 도시가 된 이유가 아닌 것을 고르십시오. (　　　)

❶ 외국 관광객이 꾸리찌바를 찾도록 관광지를 개발했다.

❷ 새로운 버스 노선을 개발하여 교통이 더욱 편리해졌다.

❸ 쓰레기를 재활용하여 그 수익을 시민들에게 돌려주었다.

❹ 불필요한 개발 대신 원래 있던 큰길을 버스 전용 차로로 만들었다.

4. 서울을 더 살기 좋은 도시로 만들기 위해서 어떤 노력이 필요한지 이 글에서 찾아 쓰십시오.

5. 이 글의 내용과 같으면 O, 다르면 X 하십시오.

1) 한 월간지에서 유럽 선진국의 도시들을 세계에서 가장 살기 좋은 곳으로 뽑았다. (　　)

2) 꾸리찌바 시의 버스 환승정류장 근처에 병원, 쇼핑센터 등을 지어서 교통량이 증가했다. (　　)

3) 서울은 국제행사를 더 많이 개최하기 위해 생태 공원이나 자전거 도로를 늘렸다. (　　)

더 생각해 봅시다

1. 여러분은 살기 좋은 도시의 조건이 무엇이라고 생각합니까? 중요하다고 생각하는 순서대로 다음 표에 쓰고 이야기해 봅시다.

순위	살기 좋은 도시의 조건
1	
2	
3	
기타	

YONSEI KOREAN READING 4

02 향기 나는 여자, 느낌이 좋은 남자

다음은 한국 직장인들의 자기 발전에 관한 설문 조사 결과입니다.

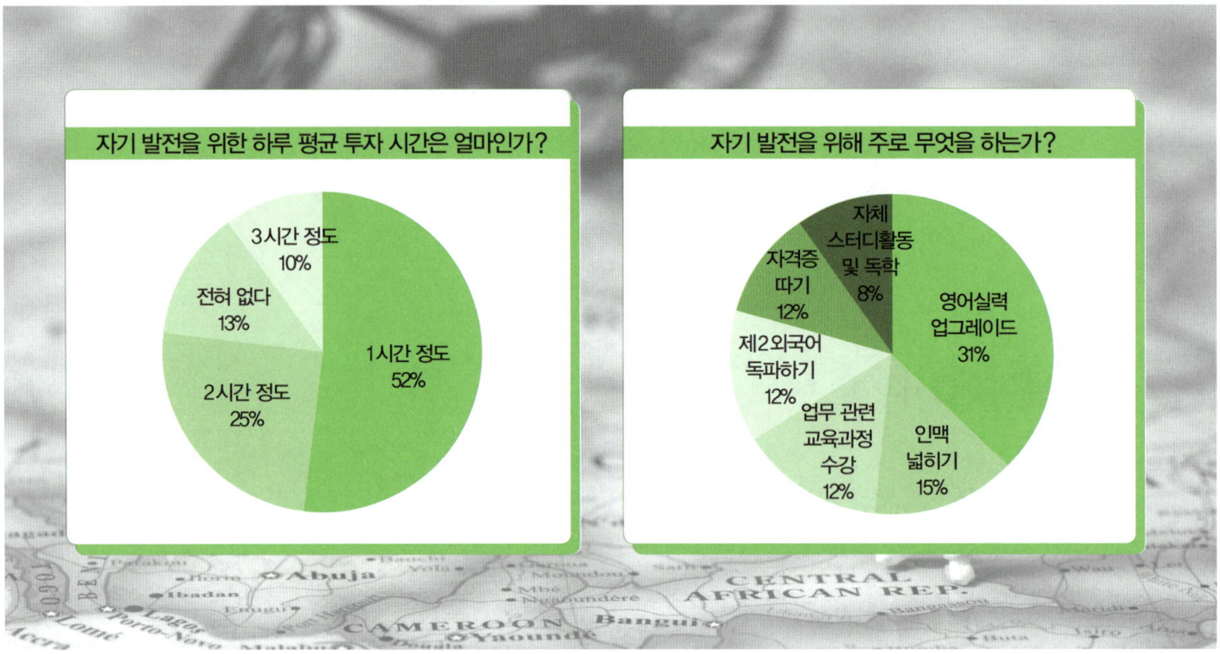

〈HR KOREA 한국 직장인 595명 대상 조사〉

- '향기'가 나는 사람은 어떤 사람일까요?

- 여러분은 어떤 사람이 되고 싶습니까? 그렇게 되기 위해 어떤 노력을 하고 있습니까?

CD: 02

가끔씩 라디오 방송 프로그램에 게스트로 출연하면 주로 여성들의 시간 관리 방법에 대해 이야기해 달라는 요청을 받는다. 이럴 때 내가 가장 강조하는 것은 계획을 세울 때는 무엇보다 자기 자신을 위한 시간을 먼저 배치하라는[1] 것이다. 그러면 보통 진행자가 "그 시간에 여성들 특히 주부는 무엇을 하는 게 좋을까요?"라고 묻는다.

자기 자신을 위한 시간대에 무엇을 하면 좋겠냐고? 그건 온전히[2] 자신의 가치관이나 적성, 흥미와 관련된 문제이다. 그러니 그 결정은 자기 자신 이외에는 누구도 할 수 없다는 게 내 생각이다. 그런데도 많은 사람들이 이것 자체를 무척 궁금해 하다 보니 그런 질문에 보다 구체적이고 현실적으로 답변해 주어야 하는 게 내 의무가 아닐까 라는 생각을 하게 된다.

내가 좋아하는 탤런트 최 모 씨가 소설가 김 모 씨와 결혼을 발표했을 때의 일이다. 기자들이 김 모 씨에게 "최 모 씨의 어떤 점이 좋았습니까?"라고 묻자, 그는 "최 모 씨는 향기가 나는 여자"라고 대답했다. 최 모 씨에게 똑같이 묻자, 그녀는 "김 모 씨는 느낌이 좋은 남자"라고 대답했다.

향기가 나는 여자, 느낌이 좋은 남자, 항상 공부하고 자신을 연마하는[3] 지성적인 사람, 자유로운 영혼을 가진 감성이 풍부한 사람, 소박하고 겸손하고 마음이 따뜻한 사람, 이런 식으로 사람들은 누구나 되고 싶어 하는 자신의 모습을 갖고 있다. 그것은 현재의 자기에 만족하지 않고 보다 나은 미래, 멋진 삶을 꿈꾸기 때문에 갖게 되는 인간으로서의 자연스러운 마음이다. 그리고 그 욕구를 위해 누구나 시간과 노력을 투자한다. 따라서 자기 자신을 위한 시간이란 자신의 신체와 정신을 발전시키기 위한 시간, 곧 자기 쇄신[4]의 시간이다.

자기 쇄신은 신체와 정신의 양 측면[5]에서 이루어져야 한다. 신체적 쇄신은 말 그대로 몸을 강건하게[6] 단련하는 것이다. 특히 요즈음은 공기도 물도 온갖 먹거리도 너무 오염되어서 의식적으로 노력하지 않으면 건강을 지키기도 힘들어졌다. 오래 살 수 있어서 하고 싶은 일을 할 기회가 그만큼 많아진다면 얼마나 좋은 일인가. 하지만 단지

1) **배치하다** 사람이나 물건을 적당한 자리에 놓다.
2) **온전히** 제대로, 완전하게.
3) **연마하다** 몸, 마음, 지식, 기능 등을 훈련해서 익숙하게 하다.
4) **쇄신** 정신이나 관습, 습관 등의 오래된 것이나 나쁜 것을 버리고 새롭고 좋게 하는 것.
5) **양 측면** 양쪽의 면.
6) **강건하다** 힘이 있고 씩씩하다.

그것이 생리적[7] 수명만 연장[8]이 되는 것이라면 아무 의미도 없을 것이다.

신체적 쇄신을 위해서는 등산도 좋고, 자전거 타기도 좋고, 걷기도 괜찮고, 수영도 근사하다. 가장 좋은 운동은 걷기라고 하니, 하루에 30분쯤 걸어 보는 것은 어떨까? 중요한 것은 지속적[9]으로 신체 단련을 위해 시간을 투자하는 것이다.

다른 하나는 정신적 쇄신인데, 사실 신체에 비하면 우리가 관심도 노력도 덜 들이는 쪽이다. 정신적 쇄신은 취미 생활이나 컴퓨터 익히기 정도에서 그치는 것이 아니다. 정신적 쇄신은 그 이상의 무엇이다. 그것은 곧 인간적인 성숙[10]을 말하는 것으로 인생을 더 풍부하게 느끼고 어려움을 이길 수 있는 용기와 능력을 키우고 주변의 사람들을 사랑하고 사랑받을 수 있는 힘을 키워 나가는 것을 의미한다.

책을 읽어라. 신문의 행간[11]도 읽어 내라. 대화하고 또한 명상해라. 기도하고 글을 써라. 정신적 쇄신을 위해서는 그 무엇보다도 정기적인 자기반성을 행해라. 그러면 인격도 지성도 우리를 비껴가지[12] 않는다. 내가 아는 선배 한 분은 연말이면 혼자 여행을 떠난다. 떠날 시간을 내기 어려우면 서울에 있는 호텔에 2박 3일쯤 투숙한다[13]. 선배의 준비물은 간단한 옷가지와 세면도구, 그리고 1년간 사용한 수첩과 일기장이다. 완전히 자기만의 시간에 그 선배는 한 해를 정리하고 평가하고 반성한다. 그리고 새로운 한 해를 위한 계획을 세운다.

좋다는 건 다 알지만, 시간이 없어서 혹은 다른 일이 너무 바빠서 혹은 자꾸 미루게 돼서 못 한다고? 그럼 할 수 없다. 근사한 미래를 꿈꿀 자격이 없으니 억울해하지[14] 말고 그냥 그대로 사는 수밖에.

시간 관리 컨설턴트로서 조언한다. 자기를 발전시키고 싶다면 최소한 하루에 30분씩 운동을 하고, 일주일에 한 번은 일기를 쓰고, 한 달에 한 권은 책을 읽고, 계절에 한 번 씩은 자연과 벗하고[15], 일 년에 한 번은 혼자 여행을 해라.

---

7) 생리적 생명을 이어 나가기 위한 신체 기관들이 작용하는 것과 관련된 것.
8) 연장 길이나 시간을 늘이는 것.
9) 지속적 어떤 일이나 상태가 끊어지지 않고 계속 되는 것.
10) 성숙 몸과 마음이 다 자라는 것.
11) 행간 겉으로 보이지 않는 글 속에 들어 있는 뜻.
12) 비껴가다 무엇이 다른 것에 비스듬히 지나가다.
13) 투숙하다 호텔이나 여관 등에 들어가서 묵다.
14) 억울해하다 공정하지 못한 일을 당해 속상해 하다.
15) 벗하다 친구로 만들거나 가까이 지내다.

어휘 연습

1. 다음을 알맞게 연결하십시오.

1) 소박한 사람 •	• 무슨 일에든지 잘 감동하는 사람
2) 겸손한 사람 •	• 큰 욕심을 내지 않고 꾸밈이 없는 사람
3) 지성적인 사람 •	• 생각하고 이해하고 판단하는 능력이 뛰어난 사람
4) 감성이 풍부한 사람 •	• 상대를 존중하고 자신의 것을 자랑하지 않는 사람

2. 빈칸에 알맞은 어휘를 쓰십시오.

[보기]
행간　수명　시련　지성　감성

1) 의료 기술의 발달로 평균 ....이/가 연장되었다.

2) 시인은 항상 ....의 안테나를 세우고 세상을 봐야 한다.

3) 나는 ....과/와 미모를 모두 갖춘 여성을 소개받고 싶다.

4) 우리의 앞길에 어떤 ....과/와 어려움이 닥쳐도 이겨낼 수 있다.

5) 글을 읽을 때에는 ....을/를 읽어야 그 글을 완전히 이해할 수 있다.

3. 두 어휘의 관계가 보기와 다른 것을 고르십시오.

1) (　　　)

[보기] 정기적 – 비정기적

❶ 인간적 – 비인간적　❷ 의식적 – 비의식적
❸ 상식적 – 비상식적　❹ 현실적 – 비현실적

2) (　　　)

[보기] 관심 – 무관심

❶ 계획 – 무계획　❷ 국적 – 무국적
❸ 질서 – 무질서　❹ 분명 – 무분명

3) (　　　)

[보기] 친절 – 불친절

❶ 규칙 – 불규칙　❷ 만족 – 불만족
❸ 능력 – 불능력　❹ 안정 – 불안정

내용 이해

1. 이 글의 내용에 맞게 ....에 알맞은 말을 쓰십시오.

사람들은 누구나 되고 싶어하는 자신의 모습을 갖고 있다. 그것을 이루기 위해서는 ....의 시간이 필요한데, 이는 ....과/와 ....의 양 측면에서 이루어져야 한다.

2. 다음 표를 완성하십시오.

	정의	글쓴이가 권하는 것
.... 쇄신	몸을 강건하게 단련하는 것	
.... 쇄신		

3. 글쓴이의 직업은 무엇입니까? 그리고 어떤 일을 합니까?

직 업 : ....

하는 일 : ....

4. 빈칸에 알맞은 말을 쓰십시오.

글쓴이는 자기 발전을 위해

하루에 ....고

일주일에 ....고

한달에 ....고

계절에 ....고

일년에 ....라고 말한다.

5. 이 글의 내용과 같으면 O, 다르면 X 하십시오.

1) 계획을 세울 때 자기 자신을 위한 시간을 가장 먼저 배치하는 것이 좋다. ( )

2) 사람들은 보통 신체적 쇄신보다 정신적 쇄신에 신경을 더 많이 쓴다. ( )

3) 글쓴이는 사람들에게 자기 발전을 위해 일기를 하루에 한 번씩 쓸 것을 권한다. ( )

더 생각해 봅시다

- 여러분은 다음을 위해 무엇을 하고 있습니까? 혹은 무엇을 하면 좋다고 생각합니까? 표를 채우고 이야기해 봅시다.

신체적 쇄신	정신적 쇄신

YONSEI KOREAN READING 4

03 내 고향 서울

• 사람들에게 고향은 어떤 의미가 있습니까?

• 여러분의 고향은 어떤 곳입니까?

이 세상의 모든 사물은 시간의 때가 묻고서야 비로소 정이 통한다. 우정이 그렇고 사랑이 그렇지만, 사물도 시간의 때가 묻어야 정이 붙는다. '손때가 묻은…' 어쩌고 하는 말을 가끔 듣지만, 손때란 곧 시간의 때인 것이다. 오래 간직한[1], 그 손때 묻은 물건일수록 없앨 수가 없다. 어쩌다 잃으면 자식 잃은 것만큼이나 가슴이 아프다.

사진은 시간 예술이다. 시간이 찍혀 있기만 하면 그 사진은 이상한 힘을 발휘한다.[2] 세월과 함께 거기 시간의 때가 끼기[3] 때문이다. 조선조 말엽에 찍힌 서울의 남대문 부근 사진, 초가집 사이로 전차가 다니는 저 멀리 명동성당이 우뚝[4] 솟아 있고, 흰 두루마기를 입은 사람들이 한가롭게 전찻길을 건너 오가는 모습이 찍힌 그런 사진을 보게 되면 옛 고향에 돌아온 듯 반갑다. 그 사진이 작품성이 높고, 예술적 가치가 있고 없고는 그 다음 문제이고, 그 사진 자체가 우선 정겨운[5] 것이다. 이는 물론, 우리 옛 것에 대한 향수[6]이겠지만, 그 향수라는 것은 기억의 그늘 속에 이끼처럼 낀, 그리움의 다른 이름인 것이다.

왜들 그토록 고향을 말할까? 어린 날의 그 순수한 시간들이 켜켜이 때가 되어 쌓인 탓[7]이다. 벗겨 내어도 벗겨 내어도 벗겨지지 않는 시간의 때. 그래서 고향 얘기는 해도 해도 끝이 없고 지치지도 않는다.

서울은 내 고향이다. '조상 대대로'란 말이 있지만, 서울이야말로 조상 대대로[8] 살아온 내 고향이다. 내가 알기로 벌써 십 몇 대째, 그러니까 한 사백 년간을 서울, 그것도 소위 사대문 안에서 살았으니, 나 같은 토박이[9] 서울 사람은 이제 '토박이 서울 사람'이라는 팻말을 이마에 붙이고 민속 박물관에 전시용으로 나앉아 있어야 하지 않을지 모르겠다.

흔히들 서울이 고향인 사람은 고향이 없는 사람들이라고 하지만, 천만의 말씀이다. 내게는 서울처럼 다정하고 좋은 곳이 없다. 촬영 여행을 갔다가도 멀리

---

1) 간직하다	물건을 잘 보관하다.
2) 발휘하다	재능이나 실력을 잘 실현해서 보여 주다.
3) 끼다	먼지나 때 같은 것이 붙다.
4) 우뚝	높이 솟은 모양.
5) 정겹다	정이 넘칠 정도로 매우 다정하다.
6) 향수	옛일을 그리워하는 마음.
7) 탓	잘못된 이유.
8) 대대로	여러 대를 이어서 계속하여.
9) 토박이	한 지역에서 태어나서 계속 그곳에서 산 사람.

한강의 냄새가 풍겨 오면 이제 집에 다 왔구나 싶어 마음이 놓이고 긴장이 풀림을 느낀다. 인왕산과 북악산 근처를 지날 때면 공연히[10] 기분이 좋다. 필운동, 사직동, 체부동, 누상동, 누하동, 도렴동, 통의동, 내자동, 내수동…… 서울 토박이가 아니고서는 귀에 선, 이 동네 이름만 들려도 입가에 미소가 돈다. 또, 서울은 사람 살 곳이 되지 못한다고들 한다. 그러면서도 막상[11] 시골로는 내려가지 않는 이상한 사람들. 살 만한 곳 다 놓아두고, 무엇 때문에 사람 살 곳 되지 못하는 서울에서만 복작이며[12] 사는지, 그런 사람들만 떠나 주어도 서울은 훨씬 조용할 텐데. 육이오 전만 해도 서울이 이런 북새통[13]은 아니었다.

서울에서 나고, 서울에서 자라서, 그 젊음 다 보내고 이제 서서히 늙어 가고 있다. 이제 죽어 화장하고[14] 나면 한 줄기 바람이 되어 서울 하늘 이곳저곳을 날아다닐 생각이다. 바쁘단 핑계로 가 보지 못했던 곳들을 날아다니며 노닐[15] 생각이다.

---

10) 공연히 　특별한 이유 없이. 괜히.
11) 막상 　어떤 일이 실제로 부닥쳐.
12) 복작이다 　좁은 곳에 사람이 많이 오고 가다.
13) 북새통 　많은 사람이 야단스럽게 움직이며 떠드는 상태.
14) 화장하다 　죽은 사람을 불에 태워 장사를 지내다.
15) 노닐다 　한가롭게 이리저리 왔다 갔다 하면서 놀다.

어휘 연습

1. 다음 어휘에 맞는 의미를 연결하십시오.

1) 소위 •	• 층마다
2) 서서히 •	• 천천히
3) 켜켜이 •	• 이유 없이
4) 공연히 •	• 남들이 흔히 말하는

2. 빈칸에 알맞은 어휘를 쓰십시오.

[보기]
간직하다　발휘하다　복작이다　지치다　통하다

1) 문화가 다르고 생각이 다르면 서로 말이 ....지 않을 때가 있다.

2) 산길을 오랜만에 걸어서 그런지 1시간도 되지 않아서 ....기 시작했다.

3) 나는 초등학교 졸업식 때 찍은 단체 사진을 지금도 소중하게 ....고 있다.

4) 오늘 글쓰기 대회에서 여러분들이 그동안 쌓은 실력을 마음껏 ....기 바랍니다.

5) 길을 오가는 사람들로 ....는/은/ㄴ 시장을 구경하니까 정신이 없지만 재미있기도 했다.

3. 다음을 알맞게 연결하십시오.

1) 때 •	• 풀리다
2) 정 •	• 대다
3) 핑계 •	• 설다
4) 긴장 •	• 들다
5) 귀 •	• 묻다

내용 이해

1. 이 글은 무엇에 대한 이야기입니까? (　　　)

❶ 사진　　　　　　　　❷ 고향

❸ 어린 시절　　　　　❹ 서울 토박이

2. 글쓴이가 고향에 대한 애정을 보여 주는 표현이 아닌 것을 고르십시오. (　　　)

❶ 서울처럼 다정하고 좋은 곳이 없다.

❷ 동네 이름만 들려도 입가에 미소가 돈다.

❸ 서울이 고향인 사람은 고향이 없는 사람들이라고 한다.

❹ 한 줄기 바람이 되어 서울 하늘 이곳저곳을 날아다닐 생각이다.

3. 이 글에서 글쓴이가 '토박이 서울 사람'이라는 것을 알 수 있는 것을 모두 고르십시오. (　　,　　)

❶ 서울은 내 고향이다.

❷ 벌써 십 몇 대째 소위 사대문 안에 살고 있다.

❸ 막상 시골로는 내려가지 못하는 이상한 사람들.

❹ 서울에서 나고, 서울에서 자라서, 그 젊음 다 보내고 이제 서서히 늙어 가고 있다.

4. 사람들이 고향 이야기를 많이 하는 이유는 무엇입니까?

5. 이 글의 내용과 같으면 O, 다르면 X 하십시오

1) 글쓴이는 손때 묻은 물건을 자식처럼 소중히 여긴다. (　　　)

2) 글쓴이는 남대문과 명동 성당이 찍힌 옛 사진을 보면 향수를 느낀다. (　　　)

3) 글쓴이는 한국 전쟁 이후부터 서울에서 살아온 서울 사람이다. (　　　)

더 생각해 봅시다

1. 여러분의 손때가 묻은 정든 물건이 있습니까? 그 물건이 무엇인지 쓰고 발표해 봅시다.

YONSEI KOREAN READING 4

제2과 사람의 성격

01 우물에 가서 숭늉 찾는다

02 마음에는 형태가 있다

03 문제도 해결책도 내부에 있습니다

01 우물에 가서 숭늉 찾는다

• 여러분은 자신의 성격이 어떻다고 생각합니까?

• 여러분은 나라나 지역에 따라 사람들의 성격이 다르다고 생각합니까?

CD: 04

외국인들이 한국에 와서 가장 먼저 배우는 말이 "빨리 빨리!" 라는 이야기를 들은 적이 있습니다. 한국인들의 성격에 대해 이야기할 때 자주 나오는 표현이지요. 하는 일마다 서두르는 한국 사람들의 성격 때문에 그런 것 같습니다. 이런 한국인의 모습을 보여 주는 말로 '우물[1]에 가서 숭늉 찾는다'라는 속담이 있습니다.

숭늉을 아시나요? 요즘은 밥을 먹고 보리차나 생수를 마시지요. 예전엔 주로 숭늉을 마셨답니다. 숭늉이란 밥솥에 밥을 지어 밥을 다 푼[2] 다음에 솥바닥에 눌어붙은[3] 누룽지[4]에 물을 부어 끓인 물입니다. 지금도 그 구수한[5] 맛을 좋아해서 전기밥솥을 쓰지 않고 일부러 일반 밥솥으로 밥을 해서 숭늉을 끓여 마시는 사람들도 있습니다. 식당에서도 옛 맛을 그리워하는 손님들을 위해 준비해 놓기도 합니다. 그런데 밥이 다 되어야 끓여 낼 수 있는 숭늉을 쌀 씻을 물을 준비하는 우물에 가서 달라고 하다니요? 정말 성격이 급한 사람이지요. 이렇게 옛사람들은 일상생활에서 나타나는 인간의 행동을 관찰하여 사람들이 쉽게 기억할 수 있게 재치 있는 속담을 만들어 냈습니다.

급하다는 말은 빠르다는 말과도 통하겠지요? '번갯불에 콩 볶아 먹겠다'는 재미있는 표현도 있답니다. 번쩍하는 번갯불에 콩을 볶아서 먹을 만하다는 뜻으로, 행동이 정말 빠르고 민첩하다는[6] 말이랍니다. 그래서 어떤 일이 아주 빠르게 진행될 때 번갯불에 콩 볶듯이 어떻게 되었다는 표현들을 종종[7] 볼 수 있습니다. 전통혼례[8]와 달리 예식장에서 15분 만에 끝내는 요즘 결혼식도 번갯불에 콩 볶듯이, 갑자기 발표된 입시 정책도 번갯불에 콩 볶듯이……. 왠지 좀 불안한 느낌이 드나요?

이렇게 급하고 빨리 하는 성격을 나타내는 말들 속에서 부정적인 시각[9]을 엿볼[10] 수 있기도 하지만 빠르다고 해서 반드시 문제가 생기는 건 아닙니다. 빨리 하기를 좋아하는 한국인의 성격은 이 사회를 발전시키는 힘이 되기도 하였답니다. 부지런한

---

1) 우물　땅을 파서 땅속의 물을 쓰거나 마실 수 있도록 만든 것.
2) 푸다　그릇 속에 들어 있는 곡식 등을 떠내다.
3) 눌어붙다　조금 타서 바닥에 붙다.
4) 누룽지　솥 바닥에 눌어붙은 밥.
5) 구수하다　잘 끓은 숭늉이나 감자의 맛처럼 맛이나 냄새가 입맛이 당길 만큼 좋다.
6) 민첩하다　어떤 일이나 상황에 대한 행동이 빠르다.
7) 종종　가끔.
8) 혼례　결혼식.
9) 시각　무엇을 보고 이해하고 생각하는 관점.
10) 엿보다　다른 사람이 모르게 조금 보다.

성격과 뭔가 하겠다는 의욕[11]은 남들이 2, 3년 걸려서 하는 일을 1년에 해치우는 열정으로 나타나기도 하니까요.

11) 의욕　　무엇을 하려고 하는 적극적인 마음.

어휘 연습

1. 빈칸에 알맞은 어휘를 쓰십시오.

[보기]
시각　　열정　　의욕　　재치　　표현

1) 잘했다는 칭찬을 들으니까 열심히 해야겠다는 .... 이/가 더 생겼다.

2) 태어나 자라 온 환경이 다르면 어떤 문제를 보는 .... 도 다를 수 있다.

3) 외국인들은 한국인이 모여 응원하는 모습에서 뜨거운 .... 을/를 느낀다고 한다.

4) 평소에는 말이 없던 그 사람이 모임에 가서는 분위기에 맞춰 재미있고 .... 있는 말을 많이 했다.

5) 우리는 다양한 방법으로 자신의 생각을 보여 줄 수 있는데 글뿐만 아니라 그림이나 노래도 .... 방법이 될 수 있다.

2. 다음 어휘를 사용하여 옛날 방식으로 밥을 짓는 과정을 완성하십시오.

[보기]
씻다　　눌어붙다　　물을 긷다　　물을 붓다　　푸다

옛날 사람들은 밥을 어떻게 지었을까? 밥을 짓기 위해서는 우선 쌀을 .... 어야/아야/여야 한다. 요즘처럼 편리한 수도시설이 없었으니 우물에 가서 쌀 씻을 .... 어/아/여 와야 했다. 그렇게 밥 할 쌀이 준비되면 밥솥에다가 씻은 쌀을 넣고 .... 어서/아서/여서 알맞은 물의 양을 맞춘다. 불에 올려놓고 솥에서 김이 나면 뜸을 좀 들여야 맛있는 밥이 된다. 다 된 밥은 그릇에 .... 는/ㄴ다. 그때 솥 바닥에 밥알들이 .... 는데/은데/ㄴ데 그것이 누룽지이다. 거기에다 물을 부어 끓이면 구수한 숭늉이 된다.

3. 밑줄 친 표현과 관계있는 어휘를 찾아 쓰십시오.

[보기]
민첩하다　　불안하다　　서두르다　　해치우다

1) 아내는 10시 드라마가 시작되기 전에 집에 도착해야 한다면서 <u>빨리</u> 걸었다. (　　　　)

2) 동생은 학교에서 돌아오자마자 숙제를 <u>빨리 끝내 버리고</u> 나가서 저녁 늦게까지 놀다가 집에 돌아왔다. (　　　　)

3) 지진에 대한 뉴스를 자주 듣다 보니 이곳에서도 지진이 일어날까 봐 <u>걱정이 되어 마음이 편하지 않다</u>. (　　　　)

4) 일을 할 때는 꼼꼼하고 정확한 것도 중요하지만 상황에 따라 <u>빠르게 판단하고 움직이는 것</u>도 중요하다. (　　　　)

내용 이해

1. 이 글에서 이야기한 내용이 아닌 것을 고르십시오. (　　　)

❶ 전통적으로 밥 짓는 방법

❷ 급한 성격에서 볼 수 있는 장점

❸ 빠르고 민첩함을 나타내는 속담

❹ 외국인이 제일 먼저 배우는 한국어 표현

2. '우물에 가서 숭늉 찾는다'는 어떤 경우를 비유하여 쓰는 속담일까요?

3. 이 글에서 다음 상황에 맞는 속담을 찾아 쓰십시오.

1)

아이가 학교 앞에서 노란 병아리를 사 가지고 왔다. 어떻게 키울 거냐는 엄마 말은 들리지도 않는지 이제 매일 신선한 계란을 먹게 될 거라고 신이 나 있었다.

2)

지난 주말에 언니는 친구 소개로 한 남자를 만났다. 그 사람은 언니가 정말 마음에 든다면서 올해가 가기 전에 결혼하고 싶단다. 지금이 11월인데 올해가 가기 전에 결혼하고 싶다니! 그런데 언니도 그 남자가 좋은지 그렇게 하겠다고 한다.

4. 한국인의 열정은 어디에서 나오는지 이 글에서 찾아 쓰십시오.

5. 이 글의 내용과 같으면 O, 다르면 X 하십시오.

1) 숭늉은 요즘은 맛볼 수 없는 전통 음료이다. (　　)

2) 속담은 일상생활에서 알게 된 사실을 재치 있게 표현한다. (　　)

3) 한국의 결혼식은 옛날이나 지금이나 빨리 끝내는 경우가 대부분이다. (　　)

더 생각해 봅시다

1. 다음 뜻에 맞는 한국어 속담을 골라서 쓰고 여러분 나라에도 이런 속담이 있는지 이야기해 봅시다.

> 우물을 파도 한 우물을 파라.
> 벼는 익을수록 고개를 숙인다.
> 찔러도 피 한 방울 나지 않겠다.

뜻	한국어 속담	여러분 나라의 속담
나쁜 습관은 고치기 어렵다.	세 살 버릇 여든까지 간다.	
냉정하고 인정이 없다.		
실력과 능력이 있는 사람일수록 겸손하다.		
한 가지 일을 끝까지 해야 성공할 수 있다.		

02 마음에는 형태가 있다

• 사람의 성격을 표현하는 말에는 어떤 것이 있습니까?

• 여러분 나라에서는 모양, 맛, 색 등의 말로 성격을 표현하는 경우가 있습니까?

'저 사람은 마음이 크다, 저 사람은 소심한 사람이다' 혹은 '저 사람은 마음이 아주 느긋하다, 저 사람은 마음이 너무 급해서 큰일이다'라고도 말한다. 이런 말들을 우리는 예사[1]로 흔히 쓰지만 잘 생각해보면 이상하지 않은가? 이러한 말들은 모두 마음의 형태를 나타낸 말인데 누가 '큰 마음', '작은 마음', '긴 마음', '짧은 마음'을 보았는가?

'저렇게 딱딱한 사람은 없다', '저렇게 마음이 부드러운 사람도 드물다' 이것도 피부나 근육에 대한 것이 아니라 마음을 말하는 것이다. '자네는 마음이 너무 좁아, 좀 더 마음이 넓어야 한다'는 말을 하는 걸 보면 마음에는 공간적인 넓이도 있는 모양이다. 또 '마음씨가 곱다거나 거칠다[2]'고도 말한다. '마음의 문을 활짝 열었다'하고 '마음의 문을 꼭 닫고 있다'고도 한다. '그 사람 참 시원시원하다', '그렇게 답답할 수가 없다', '그분은 마음씨가 따뜻하다', '그렇게 냉랭할[3] 수가 없다'고 하는 것을 보면 마음에는 문도 있고 때로는 온도까지도 있나 보다.

그뿐이 아니다. 빛깔도 있는 것이다. '그놈은 속이 검다', '그녀는 마음이 눈처럼 희다', 또 '저 사람은 아주 곧은 마음이다', '자네는 마음이 뒤틀렸다[4]'고도 하고 마치 칼날을 말하듯 '날카롭다', '둔하다[5]'라고 하기도 한다. 또 장미 같이 '저 사람은 아름답긴 하지만 가시가 있다'고도 하는데 마음에는 가시도 있는 모양이다. '아름다운 마음', '추악한 마음' 등은 보통 쓰는 말이다. '상냥하다'든가 '무뚝뚝하다'든가 '솔직하다'든가 '흐릿하다'든가 '침착하다[6]', '들떠[7] 있다', '가볍다', '짜임새[8]가 있다', '헝클어져[9] 있다' 등등. 이 모든 것이 마음의 형태[10]에 대한 표현이다.

오감[11]으로 느낄 수 없는 것은 존재하지 않는다고 한다면 '마음'은 직접 눈으로 볼 수도, 귀로 들을 수도, 코로 냄새를 맡을 수도, 혀로 맛볼 수도, 손으로 만질 수도

---

1) 예사	특별하지 않고 늘 있는 일.
2) 거칠다	부드럽지 않다.
3) 냉랭하다	날씨, 온도, 태도, 분위기가 따뜻하지 않고 차갑다.
4) 뒤틀리다	일이 잘 되지 않거나 마음이 불편하게 되다.
5) 둔하다	날카롭지 않다, 감정이나 느낌이 예민하지 못하다.
6) 침착하다	덜렁거리지 않고 쉽게 흥분하지 않다.
7) 들뜨다	기분이나 분위기가 가라앉지 않고 흥분되다.
8) 짜임새	어떤 것들이 모여서 만들어진 모양.
9) 헝클다	어지럽게 하다, 해결하기 어렵게 하다.
10) 형태	사물이 갖추고 있는 모양.
11) 오감	시각, 청각, 미각, 후각, 촉각의 다섯 가지 감각.

없으니까 결국 없다고 해야 옳다. 그런데 살아있는 사람에게는 마음이란 것이 있다. 마음이 있기 때문에 살아있다고 하는 것이다. 더구나 눈에 보이지 않는 마음에 크고 작음과 길고 짧음 등의 형태가 있으니 참 이상한 일이다.

일정한 형태가 없는 것은 반대로 무한한[12] 형태를 나타낼 수도 있다. 마음에는 일정한 형태가 없기 때문에 무한이라고 해도 좋을 정도의 형태가 있는 것이다. 공기나 물은 둥글다거나 모났다거나[13] 하는 일정한 모양이 없으므로 둥근 그릇에 담으면 둥근 모양이 되고 네모난 그릇에 담으면 네모의 모양이 된다. 마음은 정해진 형태가 없기 때문에 어떠한 형태로도 될 수 있는 것이다. 마음은 자기 것이기 때문에 자기 스스로 제 마음을 어떠한 모양으로도 만들 수 있다.

'내 이런 마음은 본래 타고난 것이어서 한평생 고쳐지지 않는다'고 하는 사람이 있지만, 그것은 자기 스스로 자기 마음을 일정한 모양의 틀[14]에 집어넣고 그 형태를 바꿀 수 없다고 생각하여 바꾸려고 하지 않기 때문이다. 본래 마음에는 고정된 형태가 없으므로 자기가 바꾸려고 생각하면 바꿀 수 있는 것이다.

---

12) 무한하다 　 끝이 없다.

13) 모나다 　 물건의 겉에 튀어나온 부분이 있다, 성격이 원만하지 못하다.

14) 틀 　 일정한 형식이나 모양.

어휘 연습

1. 다음 표현에 맞는 의미를 연결하십시오.

1) 상냥하다 •	• 이해심이 적다
2) 속이 검다 •	• 친절하고 부드럽다
3) 마음이 좁다 •	• 마음속으로 나쁜 생각을 하다
4) 마음이 뒤틀리다 •	• 다른 사람의 말을 받아들일 준비가 되어 있다
5) 마음의 문을 열다 •	• 다른 사람의 말을 있는 그대로 이해하지 못하다

2. 빈칸에 공통으로 들어가는 말을 쓰십시오.

[보기]
거칠다　둔하다　시원하다　냉랭하다　가볍다

1) 옷을 많이 입으니 몸이 ....어서/아서/여서 움직이기가 힘들다.
그렇게 말을 해 줘도 못 알아듣다니 정말 ....는/은/ㄴ 사람이군.

2) 9월이 되니 아침저녁으로 ....는/은/ㄴ 바람이 불어서 좋다.
어떤 부탁을 해도 그 사람은 두말 않고 ....게 잘 들어준다.

3) 한 달 동안이나 여행을 간다고 해서 배낭이 무거울 줄 알았는데 생각보다 ....
회사의 운명이 걸린 프로젝트를 성공적으로 끝내고 나니 마음이 ....

4) 어젯밤 부부싸움을 했는지 오전 내내 두 사람 사이가 ....었다/았다/였다.
그 사람은 내 말에 그렇게 ....을/ㄹ 수가 없었어. 말을 걸어도 반응이 없었어.

5) 어제 소개팅에서 만난 남자는 말투가 ....어서/아서/여서 다시 만나고 싶지 않다.
찬바람이 부는 겨울이 되면 피부가 ....어지니까/아지니까/여지니까 신경을 좀 쓰세요.

3. 이 글에서 서로 반대의 의미로 쓰인 어휘를 연결하십시오.

1) 곧다 •	• 급하다
2) 둔하다 •	• 날카롭다
3) 느긋하다 •	• 뒤틀리다
4) 추악하다 •	• 아름답다
5) 짜임새가 있다 •	• 헝클어지다

내용 이해

1. 본문의 내용에 맞게 순서를 쓰십시오.

가. 마음은 일정한 형태가 없기 때문에 어떠한 형태로도 될 수 있다.

나. 마음을 표현하는 다양한 말이 있다.

다. 마음을 오감으로 느낄 수 없지만 살아있는 사람에게는 마음이라는 것이 있다.

라. 마음은 자기가 바꾸려고 하면 바꿀 수 있다.

(　　　) → (　　　) → (　　　) → (　　　)

2. 글쓴이는 본래 타고난 마음을 바꿀 수 없다는 사람에게 어떤 충고를 합니까?

3. 다음을 이용해 마음을 표현하는 말에는 어떤 것이 있습니까?

넓이	자네는 마음이 너무 좁다.
온도	
빛깔	

4. '오감'의 다섯 가지 감각은 무엇입니까?

5. 이 글의 내용과 같으면 O, 다르면 X 하십시오.

1) 글쓴이는 타고난 성격은 바꿀 수 없다고 생각한다. (　　)

2) 오감으로 느낄 수 없는 것은 이 세상에 존재하지 않는다. (　　)

3) 마음은 정해진 모양이 없으므로 어떤 형태로도 표현할 수 있다. (　　)

더 생각해 봅시다

- 여러분 나라에 마음의 상태를 나타내는 재미있는 표현이 있습니까? 다음 표를 채우고 이야기해 봅시다.

나라	마음의 상태를 나타내는 재미있는 표현
한국	마음의 문을 열다, 속이 검다, 속에 가시가 있다

03 문제도 해결책도 내부에 있습니다

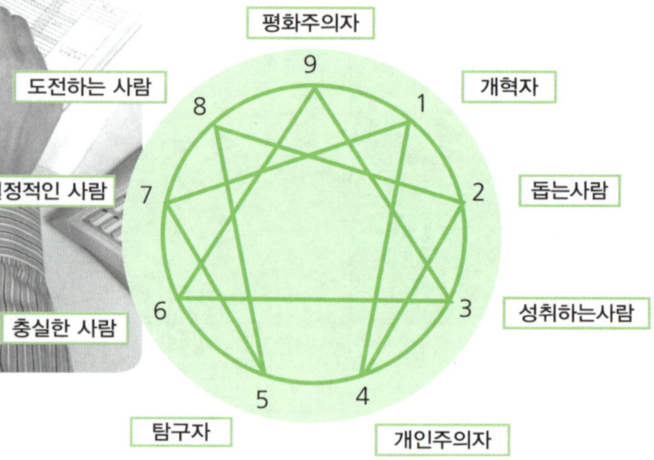

• 사람들과 어울려 살면서 생기는 문제는 어떤 것이 있습니까?

• 자신의 성격 때문에 상담을 하고 싶었던 적이 있습니까?

CD: 06

Q 작은 일에도 너무 큰 상처를 받습니다.

누구나 상처를 주고받으며 사는 게 세상 이치[1]라 생각할 수도 있지만 저는 상처를 주는 것도 상처를 받는 것도 너무나 힘이 듭니다. 타인과의 관계에 어찌 갈등[2]이 없을 수 있을까요. 알면서도 그런 갈등 상황이 닥치면[3] 마음이 상합니다. 조금 전에도 시집살이[4]로 힘들어 하는 언니에게 인터넷으로 책을 사서 보내고 그 사실을 알리려 전화했는데 "내가 책 읽을 시간이 어디 있니?"라는 언니의 말에 또 섭섭해집니다. 그냥 언니가 바쁘고 마음에 여유가 없나 보다 생각하면 될 텐데. 그렇게 생각해도 제 마음은 그대로입니다.

어렸을 때 부모에게 관심을 별로 받지 못하고 자라서 그런지 대수롭지[5] 않은 상대방의 거부에도 너무나 큰 상처를 받습니다. 이런 제 자신의 성격을 고쳐보려고 노력하는 중입니다만 몸에 밴[6] 마음의 기억들이 쉽게 지워지지 않네요. 제가 상처받기 싫어서 그런지 누군가에게 본의든 아니든 상처를 줄까 봐 매 순간 걱정하게 됩니다. 그런 마음이 항상 나의 인간관계를 방해하는 것은 아닐까 생각해 봅니다. — 봄

A 타인에게 너무 큰 것을 기대하고 있습니다.

봄 님 어쩌다가 '상처를 주고받으며 사는 게 세상의 이치'라는 가치관을 갖게 되셨는지 안타깝습니다. 그래도 쉽게 상처받는 자신의 마음을 알고 개선하고자 하는 의지가 엿보여 다행스럽습니다.

이렇게 해 보시기 바랍니다. 저 사람이 내게 상처 준다, 저 사람이 나를 미워한다고 느껴질 때마다 그것이 사실인지 점검해[7] 보는 겁니다. 그 사람을

---

1) 이치 — 도리에 맞는 사물이나 자연의 근본 뜻.
2) 갈등 — 사람들 사이에 서로 다른 입장이나 생각 때문에 문제가 생김.
3) 닥치다 — 어떤 일이나 힘든 때가 가까이 다가오다.
4) 시집살이 — 여자가 시집에 들어가서 살림하는 일.
5) 대수롭다 — 대단하거나 중요한 일로 생각할 만하다.
6) 배다 — 버릇이 되어 익숙해지다.
7) 점검하다 — 하나하나 검사하다.

직접 만나거나 전화로 안부를 물어보세요. 그때마다 상대방이 봄 님에 대해 사랑이나 미움의 감정을 갖기는커녕 봄 님에 대해 생각조차 하지 않았다는 사실을 확인하게 될 것입니다. 이 세상에 봄 님만 생각하는 사람은 아무도 없습니다. 봄 님이 항상 자기 자신만을 생각하듯이 타인들도 저마다 자신만을 생각합니다. 언니도 마찬가지입니다.

또 한 가지, 우리는 어떤 문제가 생기면 그 원인을 외부에서 찾는 습관이 있습니다. 저 사람이 내게 상처를 주었다, 저 사람이 나를 미워한다, 저 사람이 나를 속였다 등으로 생각합니다. 그렇게 생각하는 것은 관계의 주도권[8]을 상대에게 넘겨주는 행위입니다. 문제의 원인뿐 아니라 해결책 역시 상대에게 있다고 믿으면서, 자신은 피해의식에 사로잡혀[9] 무력한 사람의 자리로 물러나게 됩니다. 이제 봄 님은 자신의 삶을 주도적으로 관리하고 이끌어나갈 수 있는 성인입니다. 이렇게 생각을 바꿔보세요. "내가 저 사람에게 상처를 받았다", "내가 저 사람에게 속았다", "내가 저 사람에게 미움을 받는다" 똑같은 현상에 대해 표현만 달리 한 것이 아닙니다. 상황을 이해하는 기본적인 태도에서 분명히 차이가 납니다. 내가 속았다는 사실을 인식하게 되면 다음부터는 그에게 속지 않도록 대비할 수 있습니다. 미움을 받는다는 사실을 알면 원인을 밝혀서 문제를 해결할 수 있습니다. 그것이 생의 주도권을 쥐고 삶을 자율적[10]으로 살아가는 첫걸음입니다.

마지막으로 봄 님은 언니나 세상에 대해 너무 큰 것을 기대하고 있습니다. 봄 님은 '언니를 위해서' 책을 보냈다고 생각하지만 실은 책을 보내면서 이미 그에 상응하는[11] 사랑, 인정, 지지[12]가 돌아오기를 기대했습니다. 자신도 알아차리지 못하는 마음 깊은 곳에서 그랬습니다. 단순히 언니의 말 한마디 때문에 낙담한[13] 게 아니라 기대했던 사랑과 지지를 받을 수 없게 되자 서운했던 것입니다. 봄 님께서 언니에게

8) 주도권　어떤 일을 앞장서서 이끌어가는 힘.
9) 사로잡히다　어떤 생각이나 느낌에 빠지다.
10) 자율적　일을 일정한 원칙에 따라 스스로 하는.
11) 상응하다　서로 알맞게 어울리다.
12) 지지　남의 생각을 옳다고 생각해서 편을 들거나 도와주는 것.
13) 낙담하다　일이 기대했던 대로 되지 않아 실망하다.

기대했던 사랑은 말씀하신 대로 유년기에 부족했다고 느꼈던 부모의 사랑입니다.

언니도, 세상 그 누구도 봄 님이 마음속으로 기대하는 종류의 사랑과 보살핌을 줄 수는 없습니다. 세상 사람들이 냉정해서가 아니라 봄 님의 기대가 너무 크기 때문입니다. 자기도 모르게 계속 부모의 사랑을 대신할 누군가를 찾으면서 세상에 대해 많은 과도한[14] 온정[15]을 기대하는 마음이 바로 봄 님이 상처를 입는 이유입니다.

봄 님, 문제의 원인이 내면에 있듯이 해결책 또한 우리의 내부에 있습니다. 가장 좋은 방법은 봄 님이 기대하는 그 사랑을 스스로에게 베푸는 것입니다. 언니에게 책을 보낼 게 아니라 그 책을 자신이 읽고 스스로를 사랑하면서, 행복감과 활기를 느낄 만한 일을 찾아서 행하는 것입니다.

---

14) 과도하다 정도가 지나치다.

15) 온정 따뜻한 인정, 마음.

어휘 연습

1. 다음 표현에 맞는 의미를 연결하십시오.

1) 기대하다 •	• 서로 알맞게 어울리다
2) 상응하다 •	• 어떤 것을 책임지고 보살피다
3) 관리하다 •	• 어떤 일이 이루어지기를 바라고 기다리다
4) 주도하다 •	• 앞으로 있을 힘든 일에 대해서 미리 준비하다
5) 대비하다 •	• 일을 주장하는 사람이 되어 이끌거나 지도하다

2. 빈칸에 공통으로 들어가는 말을 쓰십시오.

[보기]
받다　　밝히다　　배다　　쥐다

1) 우리 집 주인은 매달 집세를 ....으면/면 아들의 유학비로 보낸다고 한다.
내 여자 친구는 집안의 막내로 귀여움을 ....으면서/면서 자랐다.

2) 화가 난 그는 주먹을 꼭 ....고 다시는 집으로 돌아오지 않겠다고 소리를 질렀다.
사실 회사에서 중요한 결정권을 ....고 있는 사람은 사장이 아니라는 소문이 있다.

3) 수많은 상점들의 불빛과 가로등이 명동 거리를 환하게 ....고 있다.
상담을 하게 된 것은 요즘 내가 다른 사람들의 미움을 받고 있는 원인을 ....고 싶어서였다.

4) 백화점에서 일해서 그런지 은정 씨는 활짝 웃으며 인사 하는 습관이 몸에 ....는/은/ㄴ것 같다.
저녁에 회식을 하면서 삼겹살을 먹었는데 고기 구운 냄새가 옷에 ....었다/았다/였다.

3. 두 어휘의 관계가 다른 것을 고르십시오. (　　　)

❶ 개선하다 – 고치다

❷ 섭섭하다 – 서운하다

❸ 점검하다 – 확인하다

❹ 낙담하다 – 냉정하다

내용 이해

1. 내담자(상담 받는 사람)의 고민은 무엇입니까?

2. 내담자가 생각하는 문제의 원인은 무엇입니까?

3. 상담 답변에서 제시한 해결책 세 가지는 무엇입니까? 요약해 보십시오.

1) ....

2) ....

3) ....

4. 다음 중 상담자의 답변과 다른 것을 고르십시오. (　　　)

❶ 사람은 다들 자신만을 생각한다.

❷ 상처를 주고받으며 사는 게 당연하다.

❸ 사람들에게 지나친 온정을 기대하면 안 된다.

❹ 사람들은 문제가 생겼을 때 원인을 외부에서 찾으려고 한다.

5. 이 글의 내용과 같으면 O, 다르면 X 하십시오.

1) 봄 님은 결혼한 언니에게 책을 사서 보냈다. (　　　)

2) 봄 님은 자신의 문제점을 잘 모르고 있다. (　　　)

3) 상담의 답변자는 기대가 크면 실망도 크다는 사실을 강조한다. (　　　)

더 생각해 봅시다

• 옆 친구의 고민을 들어 주고 상담해 봅시다.

친구의 고민	
여러분의 조언	

제3과 우리들의 일상

01 경고문에 담긴 세상

- 주변에서 어떤 경고문을 볼 수 있습니까?

- 나의 사생활 보호를 위해 사람들에게 부탁하고 싶은 말이 있습니까?

우리 주변에는 많은 경고문[1]이 있다. 대개 짧은 글이지만 이 속에는 우리가 살아가는 모습이 담겨 있다. 바로 내 집 앞 골목에서 '쓰레기를 버리지 마시오. 발견 즉시 신고함'이라는 강력한 내용이 담긴 문구[2]를 만난다. 요일과 시간에 맞춰 쓰레기를 내놓아야 한다는 규칙을 지키지 않아 주택가 골목길을 지저분하게 만드는 이들에 대한 경고이다.

집에서 지하철역까지 걷다 보면 여기저기에 '주차 금지'라고 써 놓은 것을 볼 수 있다. 남의 집 주차장 앞, 남의 가게 앞에 차를 잘못 세우면 무슨 일이 생길지 모른다. 가끔 길가에서 주차 문제로 싸우는 이들은 "여기 이렇게 써 놓은 거 못 봤어요?", "잠깐 세웠는데 뭘 그러세요?", "잠깐이라니요?", "제가 얼마나 기다렸는지 아세요? 전화번호는 남겼어야지요!" 그러다 금방 싸움으로 바뀌기도 한다. 주차 공간이 부족한 탓에 자주 일어나는 일들이다.

'낙서[3] 금지! 취사[4] 금지! 촬영 금지!'

우리가 만나는 '금지'들이 얼마나 되는지 한번 꼽아[5] 보자. 내가 가는 길에 경고는 계속 이어진다. 하지만 모두가 딱딱하고 위협적인[6] 문구로 이루어진 건 아니다. 경고 같기도 하고 호소[7] 같기도 한 색다른 문구들도 눈에 들어온다. 산책 가는 공원에는 토끼의 귀를 잡아당기고 있는 그림과 함께 '공원의 동물들을 건드리지[8] 맙시다!'라고 말하는 팻말도 있다. 공원 화장실에서는 '아름다운 사람은 머문 자리도 아름답습니다'라는 글을 볼 수 있는데 읽는 이의 자존심을 건드려 마음을 움직여 보려는 시도로 보인다. 잔디밭에는? '잔디가 아파요!' 이런 문구를 보고도 아무렇지도 않게 잔디를 밟을 수 있을까? 대학도서관에 갔더니 한층 세련된[9] 경고문이 붙어 있다.

'도서관에서 음식물을 먹으면 안 된다고요? 네, 그렇습니다. 안됩니다.'

---

1) 경고문	조심하거나 하지 않도록 미리 주의를 주는 글.
2) 문구	글의 구절.
3) 낙서	장난으로 글자나 그림을 아무 데나 쓴 것.
4) 취사	먹을 음식을 만드는 일, 밥 짓기.
5) 꼽다	수를 세려고 손가락을 하나씩 구부리다.
6) 위협적	힘으로 겁을 주고 협박하는 듯한.
7) 호소	자기의 어렵거나 억울한 사정을 다른 사람에게 알려 도움을 청하는 것.
8) 건드리다	손으로 만지거나 무엇으로 대다.
9) 세련되다	잘 어울리고 어색하지 않아 좋은 느낌을 주다.

'일반 열람실에서 노트북 컴퓨터를 쓰면 안 된다고요? 네, 그렇습니다. 안됩니다.'

이렇게 문답식[10]으로 도서관에서 지켜야 할 것들을 설명하고 있으니 친절해 보이기도 한다.

사람들이 어울려 살아가는 이 사회에서는 개인의 이익을 위해서나 타인에게 피해를 주지 않기 위해 혹은[11] 모두의 안전을 지키고 가치 있는 것들을 보호할 수 있도록 다양한 경고와 호소들이 필요할 것이다. 전달하고 싶은 메시지가 있는 이들은 사람들이 잘 따르도록[12] 더욱 설득력 있는 말과 방법을 찾아야 한다. 때로는 엄격하게 때로는 부드럽게, 때로는 인정에 사정하기도[13] 하면서 말이다. 꼭 필요한 것이 아니라면, 우리가 사는 사회에서 부닥치게 되는 경고문이 점차 줄어들어 경고가 필요 없는 세상이 되기를 꿈꿔 본다.

---

10) **문답식** 서로 묻고 대답하는 방식.
11) **혹은** 그렇지 않으면. 또는 그것이 아니라면.
12) **따르다** 그대로 하다.
13) **사정하다** 일의 형편이나 그렇게 된 까닭을 말하고 도움을 간청하다.

어휘 연습

1. 빈칸에 알맞은 어휘를 쓰십시오.

[보기]
사정하다 시도하다 설득하다 적발되다 호소하다

1) 문제를 해결하기 위해서 여러 번 대화를 ....는/은/ㄴ 끝에 시민들과 사고 책임자가 만나게 되었다.

2) 수술을 받지 않겠다는 환자를 ....어서/아서/여서 의사의 말을 따르게 하는 일은 쉬운 일이 아니다.

3) 밀린 월급도 못 받고 회사에서 쫓겨나 일자리를 잃게 된 노동자들은 법에 ....는/은/ㄴ 방법밖에 없었다.

4) 음주 단속에 걸린 그는 경찰에게 다음부터 절대로 이런 일이 없을 테니 한 번만 봐 달라고 ....었다/았다/였다.

5) 음식물 쓰레기를 분리하지 않고 일반 쓰레기와 섞어 버리다가 ....으면/면 벌금 10만 원을 내야 합니다.

2. 관계가 있는 어휘를 찾아 쓰십시오.

[보기]
건드리다 제한하다 열람하다 따르다

1) 규칙, 법 ( )

2) 자료, 도서 ( )

3) 출입, 나이 ( )

4) 전시품, 자존심 ( )

3. 서로 관계가 있는 것을 연결하십시오.

1) 촬영 금지 •	• 중앙 컴퓨터실
2) 취사 금지 •	• 미술관
3) 낙서 금지 •	• 국립공원
4) 출입 금지 •	• 건물 벽

내용 이해

1. 이 글의 주제는 무엇입니까? (　　　)

❶ 주변에 무엇을 하지 말라고 하는 문구가 많다.

❷ 경고문은 딱딱하고 위협적인 표현을 쓰는 게 좋다.

❸ 현대 사회의 문제점을 해결하려면 더 강력한 경고문이 필요하다.

❹ 경고를 할 때 설득력 있는 표현 방법을 찾으려는 노력이 필요하다.

2. 각 장소에 적절한 경고문을 써서 다음 표를 완성하십시오.

	경고 내용
골목길	쓰레기를 버리지 마시오.
공원	
도서관	

3. 쓰레기에 대한 경고문은 어떤 규칙을 지키라는 것입니까?

4. 다음에서 경고문을 쓰는 목적이 아닌 것은 무엇입니까? (　　　)

❶ 자연을 보호하기 위해

❷ 규칙적인 생활을 하기 위해

❸ 사람들의 안전을 지키기 위해

❹ 남에게 피해를 주지 않기 위해

5. 이 글의 내용과 같으면 O, 다르면 X 하십시오.

1) 경고문의 형식은 다양하다. (　　)

2) 주택가에서는 쓰레기 때문에 싸움이 자주 일어난다. (　　)

3) 문답식 경고는 위협적이지 않고 세련된 느낌이 있다. (　　)

더 생각해 봅시다

• 여러분이 만들고 싶은 경고문이 있으면 쓰고 발표해 봅시다.

목적	
경고문	

02 동전 한 개의 오블리주

• 다른 사람을 배려할 수 있는 행동에는 어떤 것이 있습니까?

• 여러분이 다른 사람을 배려하거나 다른 사람의 배려를 받은 적이 있습니까?

최근 사회 일각[1]에선 노블레스 오블리주 운동이 펼쳐지고 있다. 이는 가진 자가 사회를 위해 무엇인가를 환원하는[2] 것을 자신의 사회적 의무처럼 여기고 실천하는 것을 말한다. 철강 왕 카네기, 석유 재벌 록펠러에서부터 현존하는 세계 최대의 갑부[3] 빌 게이츠에 이르기까지 미국 부자들의 자선[4] 기부 문화도 이런 전통을 이은 것이다.

우리가 그들처럼 거창하게[5] 남을 돕지 않는다 해도, 우리가 베푼[6] 작은 배려 하나가 사회를 아름답게 하는 작은 불씨가 될 수 있다고 믿는다. 우리도 우리가 가진 범위 안에서 우리의 정성을 사회에 환원하는 것이다. 유영희 씨의 수필은 이런 모습을 잘 보여주고 있다.

안동 하회마을, 도산 서원 등 근동[7]의 여러 곳을 답사하기로 한 문학기행[8]의 일정은 빠듯하기만[9] 하였다. 갑자기 쌀쌀해진 날씨 탓에 오지 않는 버스를 기다리며 휴게실에 옹기종기[10] 모여 있었다. 같은 반을 제외하고는 낯선 얼굴들이 대부분이었다. 낯선 사람에게 다가가지 못하는 주변머리[11]는 선배들에게 인사도 못 드리고 같은 반 식구들에게만 웃음을 건넸다.

따뜻하게 챙겨 입었는데도 새벽의 한기[12] 앞에 옷의 방어선[13]은 맥없이[14] 무너져버렸다. 아침도 제대로 못 먹고 나왔다는 반원들에게 따끈한 차나 한잔 하자며 자판기 앞으로 몸을 돌렸다. 초면인 분이 커피를 뽑고 계셨다. 책 위에 몇 잔의 차를 받쳐 들고 500원 동전을 자판기에 다시 집어넣으신다. 커피를 더 뽑으시나

---

1) 일각　한 쪽, 한 부분.
2) 환원하다　되돌려주다.
3) 갑부　큰 부자.
4) 자선　어려운 사람을 돕는 것.
5) 거창하다　물건이나 일이 굉장히 크다.
6) 베풀다　남에게 돈을 주거나 남의 일을 도와주다.
7) 근동　근처, 가까운 곳.
8) 기행　여행하면서 여러 가지를 보고 듣고, 느낀 것을 기록하는 것.
9) 빠듯하다　여유가 없이 딱 맞거나 모자라는 듯하다.
10) 옹기종기　여럿이 모여 있는 모양.
11) 주변머리　어떤 일을 해결하거나 처리하는 재주.
12) 한기　추위, 추운 기운.
13) 방어선　적의 공격을 막기 위해 쳐 놓은 마지막 선.
14) 맥없이　힘없이.

보다 했는데 싱긋 웃음을 던지며 “이걸로 빼서 드세요.”라는 말을 남기고 일행이 기다리는 곳으로 가신다.

달랑[15] 내 식구 것만 챙겨들고 있던 손이 부끄러워진다. 초면인 분의 느닷없는[16] 배려 앞에서 처음 느낀 건 감사보다 당황함이 더 컸다. 500원 동전을 넣어주며 웃음을 주셨던 분의 얼굴조차 제대로 확인하지 못하고, 자판기에 빨갛게 켜 있는 ‘500’이란 숫자에만 멍하니 눈을 두고 있었다. 낯선 얼굴이지만 같은 수필 회원이니 차 한 잔 권하는 거야 특별한 일도 아니지만 동전을 넣어주는 배려는 처음 접하는 일이었다.

익숙한 얼굴들에게 차를 뽑아 돌리고는 가방을 뒤져 있는 대로 동전을 자판기에 넣어두었다. 다음 사람도 내가 받았던 감사를 전달받았을 것이다. 그도 역시나 주머니를 뒤져 더 많은 동전을 자판기에 넣어 둘 것이다. 큰 횡재[17]를 한 듯 기분이 좋아졌다. 단돈 몇 만 원에 사람 목숨도 빼앗는다는 세상에 낯선 분의 배려는 값을 매길 수 없는 큰 행복과 사랑으로 가슴에 심어졌다. 작은 나눔 큰 사랑이라 했던가? 500원의 배려는 낯선 얼굴을 향하여 얼마든지 행할 수 있는 작은 사랑의 실천이며 큰 사랑의 나눔, 바로 그것이었다.

15) 달랑 딱 그것만.
16) 느닷없다 갑작스럽다, 뜻밖이다.
17) 횡재 뜻하지 않은 재물이나 좋은 일.

어휘 연습

1. 밑줄 친 표현과 의미가 비슷한 것을 연결하십시오.

1) 자판기 앞으로 몸을 돌렸다. •　　　• 죽이다

2) 같은 반 식구들에게만 웃음을 건넸다. •　　　• 향하다

3) 그 숫자에만 멍하니 눈을 두고 있었다. •　　　• 미소 짓다

4) 단돈 몇 만원에 사람 목숨도 빼앗는다. •　　　• 바라보다

2. 빈칸에 알맞은 말을 쓰십시오.

[보기]
환원하다　　기부하다　　베풀다　　나누다

1) 그 영화사에서는 많은 사람들과 영화의 감동을 ....기 위해 무료 상영을 하기로 했다.

2) 최근 유명한 연예인들이 자선단체나 환경단체에 거액의 돈을 ....는/은/ㄴ 일이 늘고 있다.

3) 에리히 프롬은 진정한 부자란 재산이 많은 사람이 아니라 남에게 많은 것을 ....는/은/ㄴ 사람이라고 했다.

4) 유명한 쿵푸 배우 성룡이 자신의 전 재산을 사회에 ....겠다고 밝혀 많은 팬들의 박수를 받고 있다.

3. 다음을 알맞게 연결하십시오.

1) 싱긋 •　　　• 비다

2) 활활 •　　　• 웃다

3) 옹기종기 •　　　• 얼다

4) 꽁꽁 •　　　• 타오르다

5) 텅 •　　　• 모여 있다

내용 이해

1. 이 글의 내용에 맞게 ....에 알맞은 말을 쓰십시오.

> 최근 사회에서는 ....
> ....는/은/ㄴ 노블리스 오블리제 운동이 펼쳐지고 있다. 우리가 그들처럼 거창하게 남을 도울 수는 없다고 해도 ....을/를 사회에 환원할 수는 있다.

2. 유영희 씨는 어떤 일 때문에 배려에 대한 생각을 하게 되었습니까?

3. 유영희 씨는 다른 사람을 배려하기 위해 무엇을 했습니까?

4. 글쓴이가 생각하는 올바른 배려의 예가 아닌 것을 고르십시오. (　　　)

❶ 건강한 사람이 헌혈을 하는 것

❷ 눈이 온 후 집 주위의 눈을 치우는 것

❸ 장애인이 엘리베이터를 먼저 타도록 양보하는 것

❹ 공원에 핀 예쁜 꽃을 꺾어다가 여자 친구에게 선물하는 것

5. 이 글의 내용과 같으면 O, 다르면 X 하십시오.

1) 나는 낯선 사람에게도 잘 웃어준다. (　　)

2) 나는 지인들의 커피만 챙겨 스스로 부끄러움을 느끼게 되었다. (　　)

3) 내가 배려하면 그 사람도 다른 사람을 배려할 것이다. (　　)

더 생각해 봅시다

• 우리의 일상생활에서 다른 사람을 위해 어떤 배려를 할 수 있을까요? 이야기해 봅시다.

상황	배려
교실에서	· 수업 중에 음식을 먹지 않는다. ·
대중교통을 이용할 때	· ·
공공시설을 이용할 때	· ·
	· ·

03 노래와 일상

• 대중가요를 듣거나 부르면서 노랫말에 공감한 적이 있습니까?

• 사람들의 공감을 얻어 오랫동안 사랑받고 있는 노래를 소개해 주십시오.

CD: 09

여러분은 노래를 즐겨 듣거나 부릅니까? 한때 유행하다가 쉽게 잊혀지는 노래도 있고 노래 가사가 머릿속에 오랫동안 남는 노래도 있지요. 그 중에는 '노래하는 사람이나 자신과 비슷한 상황이구나' 또는 '나도 노랫말의 내용처럼 살아야지'라는 생각을 하면서 공감할[1] 수 있는 노랫말도 많습니다. 노래를 통해서 우리의 일상생활을 들여다볼 수 있는 거지요. 다음 노래 가사를 함께 읽어 볼까요?

시험을 망쳤어[2] 오, 집에 가기 싫었어
열 받아서 오락실에 들어갔어
어머, 이게 누구야 저 대머리 아저씨
내가 제일 사랑하는 우리 아빠

장난이 아닌 걸 또 최고 기록을 깼어
처음이란 아빠 말을 믿을 수가 없어
용돈을 주셨어 단 조건이 붙었어
엄마에게 말하지 말랬어

가끔 아빠도 회사에 가기 싫겠지
엄마 잔소리, 바가지[3], 돈타령[4] 숨이 막혀[5]
가슴이 아파 무거운 아빠의 얼굴
혹시 내 시험 성적 아신 건 아닐까
오늘의 뉴스 대낮부터 오락실엔
이 시대의 아빠들이 많다는데
혀끝을 쯧쯧 내차시는[6] 엄마와
내 눈치를 살피는[7] 우리 아빠

-한스밴드, 〈오락실〉 중에서-

---

1) 공감하다	다른 사람의 생각이나 감정에 대하여 자신도 그렇다고 느끼다.
2) 망치다	일을 잘못하여 일이 안 되게 만들다.
3) 바가지	아내가 남편에게 불평하는 말.
4) 타령	어떤 물건이나 주제에 대해 자꾸 이야기하는 것.
5) 숨이 막히다	답답하거나 긴장이 되다.
6) 내차다	밖으로 발을 뻗어 차다.
7) 눈치를 살피다	다른 사람의 생각이나 행동을 조용히 살펴보다.

이 노래는 누가 부르고 있을까요? 이 사람과 아빠에게는 무슨 일이 생겼을까요? 요즘도 이런 문제 때문에 고민하고 힘들어하는 사람들이 우리 주변에 여전히 있습니다. 세상을 살아가는 것이 쉬운 일만은 아닌 것 같습니다. 다른 노래 가사도 볼까요?

나를 봐 내 작은 모습을
너는 언제든지 웃을 수 있니
너라도 날 보고 한 번쯤
그냥 모른 척해 줄 순 없겠니
하지만 때론 세상이 뒤집어진다고[8)]
나 같은 아이 한둘이 어지럽힌다고[9)]
모두가 똑같은 손을 들어야 한다고
그런 눈으로 욕하지 마
난 아무것도 망치지 않아
난 왼손잡이[10)] 야
나나나나나나 ~

－이적, 〈왼손잡이〉 중에서－

이 노래를 하는 사람은 남들과 다른 특징이 있습니까? 혹시 여러분은 보통 사람들과 많이 다른 모습을 가지고 있나요? 또는 남과 다르기 때문에 차별[11)]을 받은 적이 있나요? 함께 생각해 봅시다. 이제 다른 노래 하나를 더 살펴보겠습니다.

사노라면 언젠가는 밝은 날도 오겠지
흐린 날도 날이 새면 해가 뜨지 않더냐
새파랗게[12)] 젊다는 게 한 밑천[13)] 인데

---

8) 뒤집어지다 　안과 겉, 또는 위아래가 뒤바뀌다.
9) 어지럽히다 　어지럽게 하다.
10) 왼손잡이 　왼손을 오른손보다 더 잘 쓰는 사람.
11) 차별 　차이를 두어서 구별함.
12) 새파랗다 　아주 파랗다. 아주 젊다.
13) 밑천 　사업이나 장사를 하는 데 필요한 돈이나 기술.

짜짜하게[14] 굳지 말고 가슴을 짝 펴라
내일은 해가 뜬다 내일은 해가 뜬다

–들국화, 〈사노라면〉 중에서–

이 노래는 힘든 상황에 놓여 있지만 희망을 가지고 싶어하는 사람의 마음을 표현하고 있습니다. 이 노래를 부르고 나면 힘이 나겠지요? 지금까지 함께 살펴본 노래들처럼 사소한 일상생활의 이야기도 노래가 되어서 불릴 수 있습니다. 이렇게 사람들이 즐겨 듣거나 부르는 노래는 우리들의 삶과 현실을 담고 있습니다. 우리는 그런 노랫말을 통해서 위로를 받기도 하고 가슴 아파하기도 합니다. 희망을 얻거나 행복한 미래를 꿈꿀 수도 있고요. 아름다운 멜로디를 타고 우리 가슴으로 전해지는 노래는 마치 우리와 함께 삶을 살아가는 친구 같습니다. 이제 우리 서로에게 가르쳐 주고 싶은 노래가 있으면 한번 불러 볼까요? 새로 사귀게 된 좋은 친구를 소개하는 것처럼요!

14) **짜짜하다** '쩨쩨하다'의 잘못. 소심하고 용기 없이 행동하다. 지나치게 아끼는 성격이다.

어휘 연습

1. 빈칸에 알맞은 표현을 쓰십시오.

[보기]
눈치를 살피다 바가지를 긁다 숨이 막히다
시험을 망치다 새파랗게 젊다

1) 교실 안이 너무 답답해서 ....을/ㄹ 정도다.

2) 아내는 내가 날마다 늦게 온다고 ....는다/ㄴ다.

3) 회사에 지각한 날에는 유난히 과장님의 ....게 된다.

4) 나는 오늘 ....어서/아서/여서 정말 우울하다. 다음에는 꼭 잘 봐야겠다.

5) ....는/은/ㄴ 사람이 연세가 많아 보이는 분한테 반말로 계속 얘기를 하고 있다.

2. 빈칸에 알맞은 말을 쓰십시오.

[보기]
덜덜 똑똑 쫙 쯧쯧 후루룩

1) 미선이는 많이 추운지 몸을 .... 떨었다.

2) 걸어 다닐 때 움츠리지 말고 가슴을 .... 펴고 걸어라.

3) 그 남자는 국수 한 그릇을 .... 소리를 내며 2분 만에 다 먹어 버렸다.

4) 선생님의 연구실 문을 .... 두드렸는데 어떤 학생이 문을 열고 나왔다.

5) 텔레비전으로 사고 뉴스를 보시던 어머니가 .... 하고 혀를 차시면서 안타까워하셨다.

3. 맞춤법을 바르게 고쳐 쓰십시오.

틀린 맞춤법	바른 맞춤법
1) 째째하다	
2) 설겆이	
3) 떡볶기	
4) 찌게	
5) 몇일	
6) 편의점에 들리다	

내용 이해

1. 이 글의 주제와 관계가 없는 것을 고르십시오. (　　　)

❶ 머릿속에 오랫동안 남는 노랫말이 있다.

❷ 사소한 일상생활의 이야기도 노래로 만들어진다.

❸ 사람들이 내용에 공감할 수 있는 노랫말이 많다.

❹ 노래를 통해서 우리의 일상생활을 들여다볼 수 있다.

2. 각 노래의 주제를 써 보십시오.

노래 제목	노래의 주제
첫 번째 노래 : 오락실	시험, 실업, 실패
두 번째 노래 : 왼손잡이	
세 번째 노래 : 사노라면	

3. 이 글에 나오는 노래는 모두 현대인의 모습을 보여줍니다. 알 수 없는 것을 고르십시오. (　　)

❶ 남과 다른 모습을 가진 사람의 모습

❷ 미래를 긍정적으로 보는 사람의 모습

❸ 실패를 해서 마음이 무거운 사람의 모습

❹ 다른 사람들과 잘 어울리지 못하는 사람의 모습

4. 다음의 노랫말은 무슨 뜻일까요?

1) '오늘의 뉴스 대낮부터 오락실엔 이 시대의 아빠들이 많다는데.'

(　　　　　　　　　　　　　　　　　　　　　　　　)

2) '그런 눈으로 욕하지 마.'

(　　　　　　　　　　　　　　　　　　　　　　　　)

3) '흐린 날도 날이 새면 해가 뜨지 않더냐.

(　　　　　　　　　　　　　　　　　　　　　　　　)

5. 각 노래의 내용과 같으면 O, 다르면 X 하십시오.

1) 첫 번째 노래에 나오는 우리 엄마는 아빠한테 불만이 있다. (　　)

2) 두 번째 노래에서는 나 때문에 세상이 변하는 모습도 볼 수 있다. (　　)

3) 세 번째 노래에서 나는 소심하고 겁이 많은 사람이다. (　　)

더 생각해 봅시다

▪ 첫 번째 노래의 가사를 〈보기〉와 같이 일기체로 바꿔 쓰고 낭독해 봅시다.

[보기]

1절 : 시험을 망쳤어 오, 집에 가기 싫었어 / 열 받아서 오락실에 들어갔어
어머, 이게 누구야 저 대머리 아저씨 / 내가 제일 사랑하는 우리 아빠

⬇

일기체 : 나는 시험을 망쳤다. 그래서 집에 가기 싫었다. 열을 받아서 오락실에 들어갔는데 그곳에 대머리 아저씨 한 명이 보였다. 그 아저씨는 내가 제일 사랑하는 우리 아빠였다.

2절 : ....

....

....

....

....

....

3절 : ....

....

....

....

....

....

....

....

YONSEI KOREAN READING 4

제4과 한국의 문화

01 인터넷 사랑방

02 '우리' 중심의 동양인

03 말 안 해도 알지?

01 인터넷 사랑방

• 인터넷을 사용하면서 우리의 생활은 어떻게 달라졌습니까?

• 여러분은 인터넷 동호회나 개인 블로그 활동을 합니까?

CD: 10

직장에 출근하면 제일 먼저 인터넷에 접속한다. 새로 들어온 이메일을 확인하고 실시간 뉴스를 검색해 본다. 가끔 긴 통화를 하기 힘들 때는 메신저를 이용해 친구와 잡담[1]을 나누기도 하고 미국으로 유학 간 친구와 인터넷 전화를 이용해 안부를 묻는다. 올 겨울 유행할 것 같은 외투를 인터넷 쇼핑몰에서 주문한 뒤 업무와 관련된 정보를 찾기 위해 검색 사이트를 열심히 뒤진다[2]. 동창들과 모인 저녁 식사 시간. 생중계[3] 되고 있는 다른 나라와의 축구 경기가 어떻게 되어 가는지 궁금해 휴대전화로 인터넷에 접속해본다.

–어느 직장인의 하루–

인터넷을 이용해 할 수 있는 일은 무궁무진[4]하다. 다는 아니라고 해도 요즈음 한국인의 대부분은 이처럼 다양한 용도로 인터넷을 이용할 것이다. 한국은 인터넷 보급률[5]이 세계적으로 높은 나라 중 하나로 꼽힌다[6]. 한국이 초고속[7] 인터넷 시설을 가장 빠르게 갖출 수 있었던 이유는 무엇일까?

우선, 인구 밀도[8]와 관계가 있다. 한국은 인구 밀도가 높은 편이다. 게다가 아파트와 같은 대규모[9] 거주[10] 단지에 밀집해 살고 있다. 단독주택이 많은 다른 나라에 비해 인터넷을 설치하는 데 비용이 덜 들고 설치가 훨씬 용이하다[11]는 장점이 있다.

경제적인 이유 말고도 인터넷 보급에 가장 큰 영향을 미친 것 중 하나가 바로 한국인의 '빨리빨리' 문화이다. 조급하고 여유가 없다는 이유로 늘 비난을 받는 국민성이지만 인터넷 보급, 인터넷 속도를 결정짓는 데에는 이런 문화가 가장 큰 기여[12]를 했다고 볼 수 있다.

---

1) 잡담 가볍게 주고받는 중요하지 않은 이야기.
2) 뒤지다 자세히 찾아보다.
3) 생중계 운동 경기나 음악회를 실시간으로 볼 수 있는 방송.
4) 무궁무진 끝이 없음.
5) 보급률 어떤 것이 널리 퍼진 정도.
6) 꼽히다 순위에 들다.
7) 초고속 빠른 속도.
8) 인구 밀도 한 지역에 인구가 모인 정도.
9) 대규모 크기가 큼.
10) 거주 어떤 곳에서 사는 것.
11) 용이하다 쉽다.
12) 기여하다 어떤 일에 도움이 되는 역할을 하다.

이러한 '빨리빨리' 문화는 인터넷 보급률을 높였을 뿐만 아니라 사람들이 인터넷 공간의 빠른 변화에도 잘 적응할 수 있도록 하여 인터넷 상에서 끊임없이 새로운 문화를 만들어 내고 있다. 그 중에서도 인터넷 상에서 가장 두드러지게[13] 나타나는 것이 한국인들의 관계 맺기이다. 한국인들은 어떤 공통점을 발견하면 모임 만들기를 좋아한다. 취미가 같거나 좋아하는 연예인이 같거나 하는 공통의 관심사가 없어도 일단 모임을 만든 후 무엇을 할 지 결정하는 경우도 있다. 이처럼 모임을 좋아하는 한국인들은 인터넷 공간에서도 실제 생활에서와 마찬가지로 모임의 문화를 실현하고[14] 있다. 그 좋은 예가 바로 '카페, 커뮤니티' 등이다. 카페나 커뮤니티를 통해 서로의 의견을 나누고 공동의 문제 해결을 위해서 때로는 힘을 모으기도 한다. 이런 공간들이 예전 우리 조상들이 집에 찾아온 손님들과 세상 이야기를 나누던 사랑방의 역할과 같다 하여 어느 사회학자는 이를 가리켜 '인터넷 사랑방'이라 부르기도 했다.

인터넷 사랑방은 인터넷 안에서만 머물지 않는다. 약속 시간과 장소를 정해 온라인이 아닌 오프라인에서까지 소위 '번개'라는 모임을 갖는다. 또 일명 '정모'라고 하는 정기 모임을 정기적으로 갖기도 한다.

인터넷의 발달로 인해 인터넷상에 생긴 가상[15]의 공간이 현실의 우리 생활에도 영향을 주고 있다. 한국인들은 개인적이고 이기적으로 보이는 인터넷이라는 가상공간을 넘어서 현실에서도 얼굴을 마주보고 정을 나누는 따뜻한 문화를 만들어 가고 있다.

---

13) **두드러지다** 뚜렷하게 보이다.
14) **실현하다** 실제로 이루어지게 하다.
15) **가상** 사실이라고 가정하여 생각함.

어휘 연습

1. 다음 어휘를 알맞게 연결하고 문장을 만드십시오.

1) 꿈 • • 맺다 → ....

2) 영향 • • 갖다 → ....

3) 관계 • • 묻다 → ....

4) 모임 • • 미치다 → ....

5) 안부 • • 실현하다 → ....

2. 빈칸에 알맞은 어휘를 쓰십시오.

[보기]
인터넷 보급률 초고속 인터넷 카페 커뮤니티 정모

한국은 최근 이전보다 인터넷의 속도가 빠른 ....을/를 사용하는 가정이 급격히 증가하면서 ....세계 1위를 차지하게 되었다. 또 인터넷 사용이 늘면서 인터넷 모임인 ....과/와 ....이/가 활성화되고 오프라인에서 여는 정기 모임을 가리키는 말인 ....과/와 같은 신조어도 생겨나고 있다.

3. 밑줄 친 부분과 의미가 다른 것을 고르십시오.

1) ( )

[보기]
<u>대</u>규모

❶ <u>대</u>기업 ❷ <u>대</u>수술

❸ <u>대</u>여섯 ❹ <u>대</u>성공

2) ( )

[보기]
<u>초</u>고속

❶ <u>초</u>능력 ❷ <u>초</u>겨울

❸ <u>초</u>대형 ❹ <u>초</u>소형

내용 이해

1. 이 글의 내용에 맞게 ....에 알맞은 말을 쓰십시오.

> 인터넷의 카페나 커뮤니티가 .... 때문에 어느 사회학자는 이를 '인터넷 사랑방'이라고 부르기도 했다.

2. 한국의 초고속 인터넷 보급률이 높은 이유 두 가지는 무엇입니까?

1) ....

2) ....

3. 한국인들의 '빨리빨리'문화 때문에 나타난 결과를 모두 고르십시오. (,   )

❶ 개인적이고 이기적인 가상공간을 좋아한다.

❷ 카페나 커뮤니티 같은 인터넷 모임이 많아졌다.

❸ 인터넷 보급과 인터넷 속도가 빨라지게 만들었다.

❹ 인터넷의 빠른 변화에 잘 적응하고 다양한 문화를 만들어 낸다.

4. 한국인들은 카페나 커뮤니티를 통해 어떤 활동을 합니까?

5. 이 글의 내용과 같으면 O, 다르면 X 하십시오.

1) 관계 맺기를 좋아하는 한국인의 문화가 인터넷 카페, 커뮤니티 등으로 나타난다. (   )

2) 한국의 아파트 같은 거주 형태가 인터넷이 보급되는 데에 영향을 준다. (   )

3) '빨리빨리'문화는 한국인들이 가상공간에서만 빠른 만남을 갖게 한다. (   )

더 생각해 봅시다

- 나라마다 특정한 문화 현상이 있습니다. 최근 여러분 나라에서 볼 수 있는 문화 현상에 대해 이야기하고 장단점을 생각해 봅시다.

국가	문화 현상	장점	단점
한국	빨리빨리 문화	· 빠른 변화에 잘 적응할 수 있다. · 인터넷 보급률을 높였다. ·	· 일을 처리하는 데 조급하고 여유가 없다. ·

02 '우리' 중심의 동양인

- '우리나라'나 '우리 집'이라는 말을 들었을 때 어떤 느낌이 듭니까?

- 한국말 중에 여러분 나라와 사고방식의 차이를 보여주는 말이 있습니까?

다음 사진에 보이는 맥주병의 크기를 비교해 보자. 위쪽 사진은 일반적으로 동양인들이 즐겨 마시는 맥주이고 아래쪽 사진은 서양인들이 즐겨 마시는 맥주들이다.

동양 맥주병의 표준[1] 크기는 여럿이 함께 나눠 마실 수 있는 크기이고, 서양 맥주병의 표준 크기는 한 사람이 한 병씩 마시도록 되어 있는 크기이다. 동양인은 우리, 즉 자신이 속한 집단을 최소 단위[2]로 여기지만 서양인은 나, 즉 개인을 최소 단위로 여긴다. 이러한 현상은 우리 생활 곳곳에서 나타난다. 한국인은 '우리나라', '우리 집', '우리 학교', '우리 회사'와 같이 '우리'라는 표현을 많이 쓴다. 심지어 '우리 남편'이라는 말까지 있을 정도다. 그러나 이를 'our husband'라고 영어로 직역한다면[3] 매우 어색한 표현이 된다. 이때는 'my husband'라고 부르는 것이 올바른 표현이다. 이렇듯 영어에서는 소유를 표현할 때 '우리'대신 '나'라는 말을 쓰는 것이 일반적이다.

서양인의 자아[4]는 대체로 개인에 한정된다[5]. 말 그대로 '나'는 '나'인 것이다. 그러나 동양인의 자아는 '나'라는 개인에 한정되지 않고 '우리'로 확장된다[6]. '우리'는 내가 속한 가족, 학교, 회사, 나라로까지 확장된다. 동양인은 특히 가족과 나를 동일시하는[7] 경향이 크다. 가족이 잘되어야 나도 잘되고, 나의 성공은 곧 가족의 성공이 된다.

---

1) 표준 — 일반적인 것, 또는 평균적인 것.
2) 단위 — 하나의 조직을 구성하는 기본적인 한 덩어리.
3) 직역하다 — 외국어를 글자 그대로의 뜻으로 번역하다.
4) 자아 — 타인과 구별되는 자기 자신.
5) 한정되다 — 한도가 정해지다.
6) 확장되다 — 늘어나고 넓혀지다.
7) 동일시하다 — 둘 또는 그 이상의 대상을 똑같은 것으로 보다.

이렇게 '우리'를 중심으로 생활하는 동양인과 '나'를 중심으로 생활하는 서양인은 인간관계 방식에서도 차이를 보인다. 일반적으로 동양인은 일대일로는 매우 친밀하고 깊은 인간관계를 추구하지만[8], 한번 집단[9]을 형성하면[10] 그 집단에 속하지 않은 낯선 사람에 대해 배타적인[11] 태도를 취한다[12]. 이는 집단의 경계[13]가 분명하기 때문이다. 반면에 서양인은 낯선 사람과 빠른 인간관계를 맺는 데에는 능숙하지만[14], 속마음을 쉽게 털어놓을 수 있는 친밀하고 깊은 인간관계를 맺는 데에는 상대적으로 취약하다[15]. 서양인은 개인의 경계가 분명하기 때문에 사적인 이야기를 타인과 공유하는 데 동양인에 비해 어려움을 느낀다. 서양인이 중요하게 생각하는 '사생활 보호'의 개념이 동양인에게 낯선 것은 이 때문이다.

서양의 학교에서는 아이들이 공동 작업을 해내는 데 어려움을 겪는 일이 종종 발생한다. 혼자서 배우고 스스로 방어하려는[16] 서양아이들의 독립적 성향[17] 때문이다. 동양 아이들은 잘 모르는 것이 있거나 어려움을 겪으면 스스럼없이[18] 친구에게 도움을 청하는데, 서양 아이들에게 이것은 열등함[19]으로 비춰진다. 심지어 친구에게 도움을 청하는 행위를 부정행위로 받아들이기도 한다. 서양에 이민 온 지 얼마 안 된 동양 학생들은 동양 문화권에서 했던 것처럼 친구들과 함께 공동으로 과제를 해결하려고 했다가 서양 아이에게 "안 돼. 네 일은 네가 알아서 해." 하는 식의 제지[20]를 당하는 일이 많다. 이것 역시 '우리' 중심의 문화와 '나' 중심의 문화 차이가 만들어낸 오해다.

---

8) 추구하다　어떤 것을 이루려고 계속 구하다.
9) 집단　여러 사람이 모여 이룬 모임, 단체.
10) 형성하다　어떤 조직이나 모양을 이루어 만들다.
11) 배타적　남의 사람이나 생각 등을 거부하는 경향이 있는.
12) 취하다　어떤 태도를 정하여 가지다.
13) 경계　서로 다른 두 지점이 만나는 지점.
14) 능숙하다　어렵지 않게 매우 잘 하다.
15) 취약하다　강하지 못하고 약하다.
16) 방어하다　상대방의 공격으로부터 자기를 보호하다.
17) 성향　어느 한 쪽으로 치우친 성질이나 마음의 경향.
18) 스스럼없다　조심스럽거나 부끄러운 마음이 없다.
19) 열등하다　보통의 수준보다 낮다.
20) 제지　못하게 하는 것.

어휘 연습

1. 다음 어휘에 맞는 의미를 연결하십시오.

1) 여럿이 •	• 혼자서
2) 심지어 •	• 일반적으로
3) 스스로 •	• 많은 사람이
4) 대체로 •	• 더 심하게는

2. 빈칸에 알맞은 어휘를 쓰십시오.

[보기]
어색하다　　올바르다　　친밀하다　　능숙하다

1) 남녀가 처음으로 소개를 받는 자리는 좀 불편하고 ....게 느껴지기도 한다.

2) 그 사람은 한국 생활에 익숙해져서 그런지 제법 ....게 서울말을 쓰고 있었다.

3) 외국어나 인터넷 언어의 영향으로 문법이나 맞춤법에 맞는 ....는/은/ㄴ 한국어를 쓰지 않는 경우가 많다.

4) 처음 만나는 사람이라도 고향이 같거나 같은 학교 동창인 걸 알게 되면 더 빨리 서로를 ....게 느끼는 것 같다.

3. 밑줄 친 표현과 관계있는 어휘를 찾아 쓰십시오.

[보기]
직역하다　　여기다　　형성되다　　추구하다

1) 서양에서는 개인 중심적인 가치를 매우 중요하게 <u>생각한다</u>. (　　　)

2) '우리 남편'을 영어로 'our husband'라고 <u>그대로 옮기면</u> 어색한 표현이 된다. (　　　)

3) 개인은 저마다 개인의 행복이라는 목적을 <u>이루기 위해 노력하며 살아가고 있다</u>. (　　　)

4) 서양에서 생각하는 사람의 한 단위는 개인이고 이 개인은 자신만의 가치관, 이상, 목표, 희망에 의해 <u>만들어진다</u>. (　　　)

내용 이해

1. 이 글의 내용에 맞게 ....에 알맞은 말을 쓰십시오.

> 동양인은 우리, 즉 ....을/를 최소 단위로 여기지만 서양인은 나, 즉 .... 을/를 최소 단위로 여긴다.

2. 이 글의 내용이 아닌 것을 고르십시오. (　　　)

❶ 의식의 차이는 곳곳에서 나타난다.

❷ 동양인은 항상 집단적으로 행동한다.

❸ 사생활 보호에 대한 의식은 서양인이 더 강하다.

❹ 소유를 표현하는 경우에도 문화 차이가 나타난다.

3. 가족과 나를 동일시하는 동양인의 경향을 보여주는 예를 찾아 쓰십시오.

4. 이 글에서 동서양의 차이를 보여 주는 예가 아닌 것을 고르십시오. (　　　)

❶ 맥주병의 크기　　　❷ 인간관계 방식

❸ 시험의 부정행위　　　❹ 학교에서의 공동작업 과정

5. 이 글의 내용과 같으면 O, 다르면 X 하십시오.

1) 서양 아이들은 도와 달라고 부탁하는 것을 부정적으로 본다. (　　　)

2) 동양인에 비해 서양인이 사교적이기 때문에 개인적인 이야기도 잘 털어 놓는다. (　　　)

3) '우리'중심의 동양인은 처음 만난 사람도 자신의 집단에 잘 받아들인다. (　　　)

더 생각해 봅시다

- 다음과 같은 상황에서 여러분은 어떻게 하시겠습니까? 이야기해 봅시다.

상황 1 : 아는 사람이 결혼을 하는데 청첩장을 받지 못했다.

1) 결혼식에 참석한다. ☐
2) 축의금만 보낸다. ☐
3) 모른 척한다. ☐

상황 2 : 오후 늦게 기숙사 방에서 도시락을 먹고 있는데 방친구가 들어왔다.

1) 같이 먹자고 권한다. ☐
2) 인사를 한 후 계속 혼자 먹는다. ☐
3) 먹던 것을 치운다. ☐

03 말 안 해도 알지?

• 대화중의 침묵은 어떤 의미가 있습니까?

• 여러분은 말이나 표정, 행동을 보고 상대방의 생각이나 감정을 읽을 수 있습니까?

CD: 12

이미 10년도 더 지난 이야기다. 일본의 텔레비전에서는 '남자는 묵묵히[1] OO 맥주'라는 모 회사의 광고가 방송되고 있었다. 광고 모델이 말없이 혼자 맥주를 마시는 모습이 멋있어서 당시 젊은 사람들 사이에서 꽤나 유행했다. 하지만 이 광고를 같이 보고 있던 한국인 친구가 "한국에서는 절대로 있을 수 없는 일이야. 맥주는 여럿이서 시끌벅적하게[2] 떠들며 마셔야 제 맛이거든. 혼자서 말없이 무슨 맛이야?"라며 웃었다. 하기는 일본에는 '말하지 않는 데에 정취[3]가 있다'라는 말이, 한국에는 '말 한마디에 천 냥 빚도 갚는다'라는 말이 있을 정도로 두 나라에는 상반된[4] 정서[5]가 있다.

커뮤니케이션에서 침묵[6]이 지니는 의미는 그 사회의 문화적 배경에 따라 다르다. 미국 사회에서 침묵은 부정적인 의미의 의사[7] 표시라고 한다. 즉 말하지 않는 편이 낫기 때문에 잠자코[8] 있는 것이 아니라 상대방에 대한 무관심을 표현할 때나 무시할 때 침묵이라는 방법을 쓴다는 것이다. 한편 미국 애리조나주의 서아파치족은 모르는 사람을 만났을 때, 꾸지람[9]을 들었을 때, 사람이 죽었을 때 침묵을 지키며 문제를 해결하고 어려움을 넘긴다고 한다.

일본 사회는 말 많은 사람을 가볍게 보고 필요 이상의 말은 하지 않는 과묵한[10] 타입을 존경하는 경향이 있다. 물론 상황에 따라서 말없이 있을 수만은 없지만, 침묵으로 상대방을 압도하거나[11] 나아가 강한 의지를 표현하는 경우 또한 있다. 무엇보다도 '말하지 않아도 알겠지. 잠자코 있는 것을 보고 내가 무슨 말을 하고 싶은지 헤아리겠지[12]'하는 이심전심[13]의 문화가 그 배경에 있다. 더러는 아무 말도

---

1) 묵묵히	말없이 조용히.
2) 시끌벅적하다	많은 사람이 넓은 곳에 많은 사람이 모여 있어 시끄럽다.
3) 정취	경치나 사물이 가진 멋있고 깊은 느낌이나 분위기.
4) 상반되다	서로 반대되거나 어긋나다.
5) 정서	어떤 감정을 생기게 하는 기분이나 분위기.
6) 침묵	아무 말을 하지 않음.
7) 의사	무엇인가를 하려고 하는 생각이나 뜻.
8) 잠자코	아무 말 없이.
9) 꾸지람	아랫사람의 잘못을 나무라는 말, 꾸중.
10) 과묵하다	말이 없다, 입이 무겁다.
11) 압도하다	힘이나 능력으로 누르다.
12) 헤아리다	짐작으로 생각하다.
13) 이심전심	마음에서 마음으로 전달되어 서로 뜻이 통함.

하지 않음으로써 타인과의 불필요한 충돌14)을 피하려는 경향마저 있다.

한국 역시 일본처럼 이심전심이 통하는 토양15)을 가지고 있다. 그리고 한국과 일본, 두 나라 모두에 '침묵은 금이다'라는 말이 있다. 그럼에도 불구하고 한국 사람은 대개 분명하게 말하는 것을 좋아한다. 한국에 막 부임했을16) 때 이런 저런 일로 곤란해 할 때면 주변의 한국 사람들이 "하고 싶은 말이 있으면 분명하게 밝히세요. 한국인은 의사 표현을 확실하게 하는 것을 좋아하거든요."라는 충고를 해 주었다.

그러고 보니 인터넷을 통해 일본의 텔레비전 드라마를 자주 본다는 한 학생이 그 감상을 말한 적이 있다. "한국 드라마에서는 연인이나 친구 사이에서 자기감정을 분명하게 말해서 바로 싸움이나 갈등으로 이어지지만, 일본 드라마는 등장인물이 대사뿐 아니라 눈빛이나 표정으로 마음을 전하죠. 시청자로서는 그 인물이 무슨 생각을 하고 있는지 자유롭게 상상할 수 있어서 색다른 재미를 느낄 수 있어요. 드라마가 아닌 현실에서 그런다면 짜증이 나겠지만요." 이 말을 들으니 그도 그런 것 같았다.

그러나 이런 한국인이 솔직하게 자신의 감정을 언어화하는 데에는 유교17)의 장벽18)이 있다. 예를 들어 부모님, 선생님을 비롯한 윗사람 앞에서는 상대방이 요청하지 않는 한 잠자코 이야기를 경청하는 일이 많다. 이 경우의 침묵은 일본인들처럼 말하지 않는 편이 좋다거나 싸움을 피하기 위해서가 아니라 윗사람에게 말대꾸해서는19) 안 된다는 규범20) 때문이다.

이 사실들로 미루어21) 두 나라 모두 침묵이 미국처럼 직접적이고 단순한 부정적인 의사 표현은 아니라는 공통점을 지니고 있지만, 침묵하는 상황이나 상대방에 따라서 그 의미에는 명백한 차이가 있음을 알 수 있다.

---

14) 충돌	의견이나 이해가 맞지 않아 서로 부딪침.
15) 토양	활동 · 현상 등이 발전할 수 있는 기반.
16) 부임하다	직장에서 명령을 받아 근무지로 가다.
17) 유교	현실의 충실한 삶을 강조하는 공자의 가르침을 따르는 종교.
18) 장벽	벽으로 가린 것처럼 무엇을 하는 데 방해나 장애가 되는 것.
19) 말대꾸하다	상대방이 충고하거나 나무라는 것을 받아들이지 않고 변명하다.
20) 규범	꼭 따르고 지켜야 할 본보기나 제도.
21) 미루다	이미 아는 것으로 다른 것을 비추어 헤아리다.

어휘 연습

1. 다음 어휘에 맞는 의미를 연결하십시오.

1) 과묵하다 •	• 분명하다
2) 명백하다 •	• 말이 없다
3) 상반되다 •	• 틀림이 없다
4) 확실하다 •	• 서로 반대되다

2. 빈칸에 알맞은 어휘를 쓰십시오.

[보기]
경청하다 부임하다 비롯하다 헤아리다

1) 이상으로 발표를 마치겠습니다. 끝까지 ....어/아/여 주셔서 감사합니다.

2) 배려를 잘 하는 사람은 다른 사람의 생각이 어떤지 먼저 ....을/ㄹ 줄 안다.

3) 이 제품은 중국을 ....어/아/여 일본, 미국 등 여러 나라에 수출되고 있다.

4) 이번에 새로 ....는/은/ㄴ 수학 선생님은 젊고 수업도 재미있게 하셔서 학생들에게 인기가 많다.

3. 공통으로 들어갈 단어를 쓰십시오.

[보기]
정서 주변 차이 충돌 표시

1) 국민 □□, □□ 불안 ....

2) 의견 □□, □□ 사고 ....

3) 감사 □□, 가격 □□ ....

4) 성격 □□, 세대 □□ ....

5) □□ 환경, 학교 □□ ....

YONSEI KOREAN READING 4

내용 이해

1. 이 글의 주제는 무엇입니까? (　　　)

❶ 침묵은 의사소통 문제를 해결하는 최선의 방법이다.

❷ 침묵은 상대방에 대한 무관심을 표현하는 방식이다.

❸ 침묵의 의미는 그 사회의 문화적 배경에 따라 다르다.

❹ 사람들은 침묵으로 상대방에게 자신의 불만을 표현한다.

2. 침묵에 대한 한국과 일본의 상반된 정서를 잘 나타내고 있는 속담을 이 글에서 찾아 쓰십시오.

1) 한국 : ....

2) 일본 : ....

3. 관계가 있는 것끼리 연결하십시오.

1) 한국인 •	• 모르는 사람을 만났을 때 침묵을 지킨다.
2) 일본인 •	• 윗사람에게 말대꾸하지 않고 침묵을 지킨다.
3) 미국인 •	• 상대방에 대한 무관심을 표현할 때 침묵을 지킨다.
4) 서아파치족 •	• 상대방과의 불필요한 싸움을 피하려고 침묵을 지킨다.

4. 글쓴이가 침묵의 의미가 상반되게 나타난 것을 보여주기 위해 구체적인 예로 말한 것은 무엇입니까?

5. 이 글의 내용과 같으면 O, 다르면 X 하십시오.

1) 일본 드라마의 등장인물은 대사나 눈빛, 표정으로 마음을 전한다. (　　　)

2) 한국인들은 자신의 감정을 솔직하게 표현하는 것을 전혀 어려워하지 않는다. (　　　)

3) 한국과 일본 두 나라 사람들의 침묵에는 공통점도 있다. (　　　)

더 생각해 봅시다

• 다음과 같은 행동의 의미가 나라나 문화마다 어떤 차이가 있는지 함께 이야기해 봅시다.

행동	나라	그 행동의 의미
쳐다보는 것	한국	호기심이나 불만을 표현한다.
침묵하는 것		
고개를 숙이는 것		
맞장구를 치는 것		

제5과 시간과 변화

01 변화하는 가족

02 일한다는 것

03 말에 담긴 세상

01 변화하는 가족

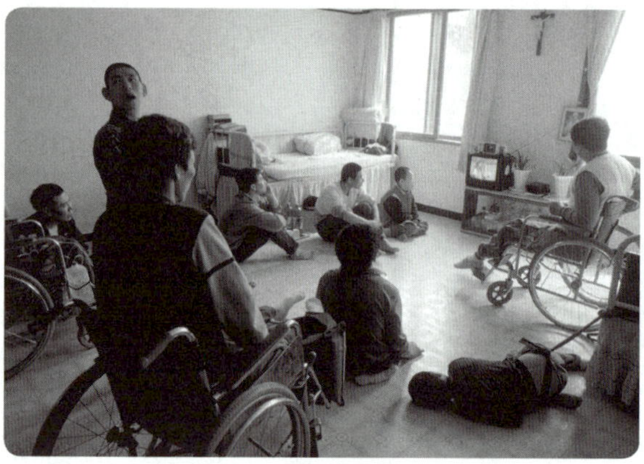

• 여러분은 '가족'이 무엇이라고 생각합니까?

• 사랑 외에 가족 간에 꼭 필요한 것은 무엇일까요?

사회 변화에 따라 다양한 가족 형태도 인정해야

비혼모 가족, 공동체 가족 등 새로운 가족 형태 등장

가족이란 무엇일까? 일반적으로 가족이란 부부와 그 자녀, 부양해야[1] 될 부모라는 혈연[2] 중심의 집단이다. 그러나 최근에는 맞벌이, 입양[3], 이혼이나 재혼, 아동의 조기유학이 늘면서 이제 우리도 다양한 형태의 가족을 인정해야 한다는 의견이 많다. 여기에서 말하는 다양한 형태의 가족에는 한부모 가족, 비혼모[4] 가족, 무자녀 부부 가족, 입양 가족, 독신 가족, 재혼 가족, 공동체[5] 가족 등이 있다.

이영숙(40, 가명) · 김민철(42, 가명) 씨 부부는 결혼한 지 6년이 지나도 아이가 생기지 않아 큰 고통을 겪었다. 그러나 이 씨는 용기를 내어 입양기관을 방문한 후에 남편을 설득한 끝에 2살 된 아이 민수를 입양했다. 건강하게 자라 유치원생이 된 민수를 보면서 이 씨 부부는 더 이상의 행복은 없을 거라고 했다.

결혼한 지 4년이 된 의사 최준호 씨(40, 가명)는 앞으로도 아이를 갖지 않기로 아내와 합의했다면서 우리 사회가 자녀 없이 사는 것을 하나의 선택으로 인정해 주기를 바란다고 했다. 최 씨가 이런 결정을 한 것은 직장생활과 육아[6]를 병행하는[7] 것이 어려울 것 같다는 아내의 생각을 존중해서였다[8]. 그는 결혼한 부부에게 반드시 아이가 있어야 한다는 편견[9]에서 벗어나야 한다고 주장한다.

최근에는 공동체 가족들이 함께 모여 사는 곳도 점차 증가하고 있다. 10대 가출[10] 청소년이나 부모가 없는 청소년 5～6명이 이들을 돌보는 교사와 함께 공동체 가정을 이루어 생활하는 경우가 그 예이다. 공동체 가정을 운영하는 강영호 씨(37세)는

---

1) 부양하다 　 혼자 살아갈 능력이 없는 사람을 돌보다.
2) 혈연 　 같은 피로 연결된 인연.
3) 입양 　 양부모와 양자가 법적으로 친부모와 친자식의 관계가 되는 것.
4) 비혼모 　 결혼을 하지 않고 아이를 키우는 어머니.
5) 공동체 　 생활이나 행동, 목적을 같이 하는 조직체.
6) 육아 　 아이를 키움.
7) 병행하다 　 두 가지 일을 같이 하다.
8) 존중하다 　 사람이나 그 사람의 생각을 중요하게 여기다.
9) 편견 　 공정하지 못하고 한쪽으로 기울어진 생각.
10) 가출 　 집에서 나옴.

구성원[11] 간에 유대감[12]과 서로의 필요성을 느끼고 있다면 핏줄[13]로 이어지지 않아도 가족으로 볼 수 있다고 말한다. 공동체 가정은 혈연보다는 관계를 중심으로 한 새로운 가족 형태인 것이다.

이제 우리는 내 자식과 내 조상만을 강조하는 혈연중심주의에서 벗어날 필요가 있다. 우리는 다양한 가족 형태의 뜻을 이해해야 하고 관계를 중심으로 한 새로운 가족제도를 인정해야 하는 시대에 살고 있다. 따라서 이들의 권리를 보장해[14] 주고 지원할[15] 법과 제도가 마련되어야 한다.

기사 입력 2010-01-04 07:30 | 최종 수정 2010-01-04 09:07
(서울=연세신문) 권재호 기자 jhkwon@ysn.co.kr

11) **구성원** 어떤 집단을 이루고 있는 사람들.
12) **유대감** 사람들 사이에 서로 연결되어 있다는 느낌.
13) **핏줄** 같은 혈통.
14) **보장하다** 문제가 생기지 않도록 책임지고 지켜주다.
15) **지원하다** 마음이나 행동으로, 또는 물질로 어떤 사람이나 일을 도와주다.

어휘 연습

1. 빈칸에 알맞은 어휘를 쓰십시오.

[보기]
병행하다 부양하다 존중하다 지적하다

1) 대부분의 사람들이 같은 생각을 가지고 있다고 해도 소수의 의견을 ....는/은/ㄴ 자세가 필요하다.

2) 같이 일을 하는 동안 제가 잘못하는 것이 있을 때는 언제든지 ....어/아/여 주시기 바랍니다.

3) 퇴근 후에 야간 대학원에서 공부하고 있는데 일과 공부를 ....는/은/ㄴ 것이 여간 힘든 일이 아니다.

4) 과거에는 남편이 가장으로서 가족을 ....는/은/ㄴ 경우가 대부분이었지만 최근에는 맞벌이 부부가 많아졌다.

2. 밑줄 친 부분의 의미가 다른 것을 고르십시오.

1) (   )

❶ <u>가</u>입 ❷ <u>가</u>정 ❸ <u>가</u>출 ❹ <u>가</u>전제품

2) (   )

❶ <u>편</u>견 ❷ <u>편</u>애 ❸ <u>편</u>식 ❹ <u>편</u>의점

3. 공통으로 들어갈 단어를 쓰십시오.

[보기]
육아 입양 조기 집단

1) □□ 기관, 해외 □□ ....

2) □□ 교육, □□ 졸업 ....

3) □□ 생활, □□ 행동 ....

4) □□ 시설, □□ 비용 ....

내용 이해

1. 이 글의 중심 내용을 모두 고르십시오. (　　,　　)

❶ 새로운 형태의 가족들을 지원할 법이 필요하다.

❷ 다양한 가족의 형태를 이해하고 인정해야 한다.

❸ 입양한 아이를 키우는 것만큼 행복한 일이 없다.

❹ 혈연을 중심으로 한 새로운 가족 형태가 생겼다.

2. 새로운 가족의 형태를 모두 찾아 쓰십시오.

3. 이 글의 내용과 다른 것을 고르십시오. (　　)

❶ 이영숙 · 김민철 부부는 유치원생이 된 민수를 입양했다.

❷ 최준호 씨는 결혼한 부부에게 아이가 꼭 있어야 한다고 생각하지 않는다.

❸ 이제 한국인들은 내 자식, 내 조상만을 중요시하는 사고방식에서 벗어나야 한다.

❹ 공동체 가족의 한 예로 부모가 없는 청소년이 교사와 함께 생활하는 경우를 들었다.

4. 가족의 형태가 다양해지는 이유 네 가지를 쓰십시오.

1) ....

2) ....

3) ....

4) ....

5. 이 글의 내용과 같으면 O, 다르면 X 하십시오.

1) 보통 가족은 혈연관계로 이루어져 있다. (　　)

2) 최준호 씨 부부가 아이를 원하지 않는 것은 육아 부담 때문이다. (　　)

3) 공동체 가족의 아이들은 부모가 없는 청소년들로만 구성되어 있다. (　　)

더 생각해 봅시다

- 여러분의 나라에서도 현대에 새로 생긴 가족 형태가 있으면 다음 표를 채우고 함께 이야기해 봅시다.

나라	가족 형태

02 일한다는 것

여성들이 선호하는 배우자 직업(단위:%, 순서대로 1-2-3위)❶

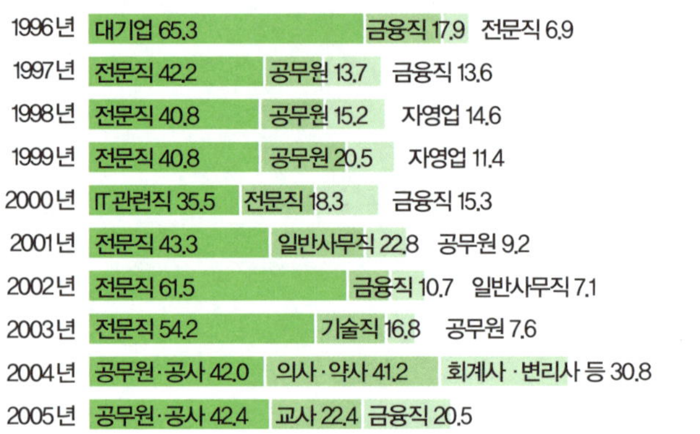

(자료: 결혼정보업체 듀오. 2004년부터는 복수응답)

〈결혼 정보 업체 듀오 2006년 배우자 직업 선호도 조사〉

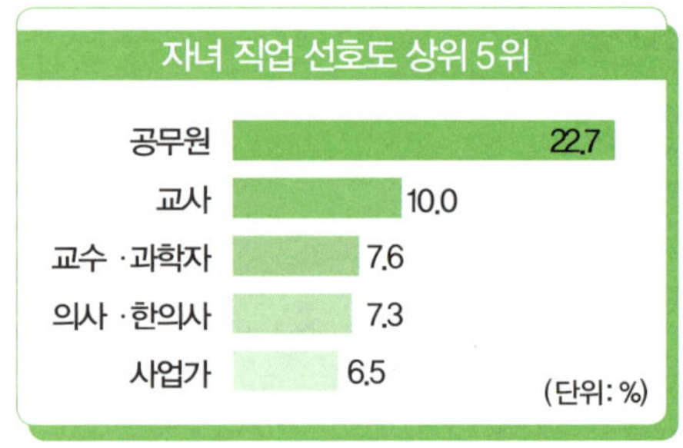

〈동아일보 2008년 자녀직업에 대한 선호도 조사〉

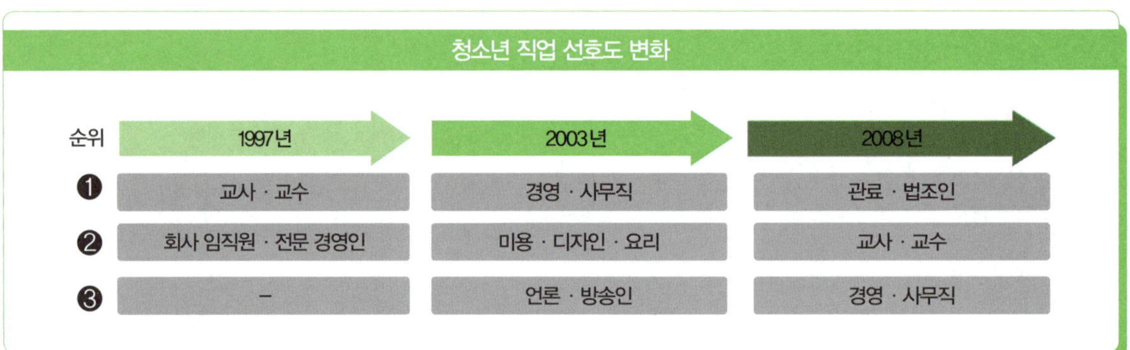

〈한국청소년상담원 2008년 중고생 대상 선호직업 조사〉

• 우리는 왜 일을 하면서 살아갑니까?

• 여러분이 가지고 싶은 직업은 무엇입니까? 왜 그 직업을 가지고 싶습니까?

사람은 일을 하면서 먹을 것과 입을 것을 얻는다. 일을 통해 자신의 삶을 이어가고 가족의 삶을 지켜 준다. 그런데 일은 보람과 기쁨을 얻을 수 있는 것이기도 하지만 살아가기 위해서 어쩔 수 없이 해야 하는 부담으로 느껴지기도 한다. 우리에게 일이란 무엇인가? 사람은 사랑하는 사람들과의 관계 속에서 행복을 느끼기도 하지만 하고 싶은 일을 하며 살 때 더 큰 행복을 느낀다.

그렇다면 사람들은 자신이 원하는 일을 자신이 원하는 곳에서 하고 있을까? 최근 통계청[1] 자료에 의하면 한국에는 1만 개의 직업이 있다고 한다. 그러나 대부분의 사람들은 그 모든 직업의 세계를 잘 모를 뿐만 아니라 사람들이 실제로 원하는 직업의 수는 제한적[2]이다. 요즘 사람들은 어떤 목적을 가지고 어떻게 직업을 가지게 되는지 한번 생각해 볼만하다.

평일 아침 일찍 옷을 차려 입고 집을 나서서 직장에 가고 저녁이나 늦은 밤 집으로 돌아오는 것이 평범한 사람들의 생활이다. 이것은 사회생활을 하는 성인이라면 서로 말하지 않아도 공감하고 있는 사실이다. 젊은 사람이 정장도 하지 않고 대낮에 돌아다닌다면 괜히 한 번 더 쳐다보거나 무슨 일을 하는 사람인가 의심스러운 시선[3]으로 보는 것이 현실이다. 그래서인지 자녀의 취직을 위해 기도하는 부모나 양복과 구두를 마련해 주며 뿌듯해하는 부모의 미소에서 일하는 사람이 사회에서 인정받는 구성원으로서 당당할[4] 수 있다는 생각을 엿볼 수 있다. 일한다는 것, 직업을 가진다는 것은 개인적으로는 살아가기 위한 방법이고 자신의 능력을 발휘할 수 있는 기회를 얻는다는 의미가 있지만 사회의 일원으로 사람들과의 관계를 만들고 사회적 평판을 얻는다는 의미도 있기 때문이다. 즉, 사회의 일반적인 리듬에서 벗어나지 않고 잘 살고 있다는 증거가 되는 것이다. 이렇듯 일에는 그 일을 바라보고 평가하는 사회적인 의미가 있다.

그런데 오늘날 일을 바라보는 시각에 큰 변화가 일어나고 있다는 것을 여기저기에서 느낄 수 있다. 오랫동안 우리의 의식을 지배해[5] 왔던 직업에 대한 가치관의 변화가 2, 30대 젊은이들에게 나타나고 있는 것이다. 가령, 한 직장에

1) 통계청 통계 업무를 계획하고 통계 자료 처리에 관한 일을 하는 중앙 행정 기관.
2) 제한적 한계나 범위를 벗어나지 못하게 하는.
3) 시선 눈의 방향, 주의 또는 관심을 비유하는 말.
4) 당당하다 태도나 모습이 힘이 있고 자신이 있다.
5) 지배하다 사고방식, 사상, 제도 등이 사람의 생각이나 행동에 영향을 미치다.

들어가면 평생 붙박이[6]가 되어 근무해야 한다든가 개인적인 일보다는 직장의 일을 더 중요시한다든가 하는 의식이 점차 약화되는 추세[7]이다. 게다가 직업을 선택할 때 사회적인 평판[8]이나 돈보다 자신이 원하는 일을 선택하는 이들이 느는 것을 보면 직업의 선택 기준이 달라지고 있다는 것을 알 수 있다.

이러한 변화는 다음과 같은 사실과 무관하지[9] 않을 것이다. 첫째, 시대의 흐름에 따라 다양한 종류의 직업이 나타나고 있다. 둘째, 평생직장의 개념이 사라지고 있다. 셋째, 고용[10]형태가 다양해졌다는 것이다. 이런 현상은 긍정적이든 부정적이든 현대의 젊은이들이 과거세대에 비해 직장이라는 조직[11]에 덜 매이고[12] 더 자유롭게 살 수 있도록 하는 요인[13]이 되고 있다. 더구나 주 5일 근무제가 자리를 잡아 가고 있는 요즘, 젊은 사람일수록 일보다 여가를 선호하는 경향이 있다는 조사 결과도 나와 있다. 이것은 일을 통해 하게 되는 경험과 일에서 느끼는 의미의 변화로 인해 사람들의 일상과 삶의 형태가 달라진다는 것을 뜻한다.

---

6) 붙박이　어느 한 자리에 정한 대로 박혀 있어서 움직임이 없는 상태. 또는 그런 사물이나 사람.
7) 추세　어떤 현상이 일정한 방향으로 나아가는 경향.
8) 평판　세상 사람들의 평가나 비평.
9) 무관하다　관계나 상관이 없다.
10) 고용　남에게 돈을 주고 일을 시킴.
11) 조직　어떤 목적을 위해 만들어진 집단.
12) 매이다　다른 사람, 일, 조직 때문에 자유롭게 생각하거나 행동할 수 없는 처지에 놓이다.
13) 요인　사물이나 사건이 생긴 원인이나 이유.

어휘 연습

1. 의미가 비슷한 것끼리 연결하십시오.

1) 가령 •	• 일원
2) 요인 •	• 원인
3) 최근 •	• 요즘
4) 구성원 •	• 예를 들면

2. 빈칸에 알맞은 어휘를 쓰십시오.

[보기]
이렇듯 반면에 그렇다면 그래서인지

1) 최근 주 5일 근무제가 우리 생활 속에 자리를 잡아 가고 있다. ………… 주말을 이용해 다양한 여가활동을 하는 사람들을 볼 수 있다.

2) 양복을 입고 사무실에서 일해야 좋은 직장이라고 생각하는 사람들이 있다. ………… 답답한 사무실을 벗어나 고객들을 만나며 활동적으로 일하는 것을 더 좋아하는 사람도 있다.

3) 직업의 종류가 약 1만 개나 된다고 하는데 실제로 자녀가 갖기를 원하는 직업은 얼마 되지 않는다. ………… 부모는 자녀가 다양한 직업에 대해 알 수 있도록 기회를 제공해야 한다.

4) 직장을 구하는 사람들 사이에서, 학력·학점·토익점수 등을 합한 것을 가리키는 스펙이라는 말이 있다. 취업을 위한 경쟁에서 하나라도 더 남보다 나은 조건을 갖추기 위한 노력 때문에 만들어진 말이다. ………… 갈수록 취업경쟁은 뜨거워지고 있다.

3. 밑줄 친 표현과 관계있는 어휘를 찾아 쓰십시오.

[보기]
이르다 공감하다 지배하다 당당하다

1) 경제적으로 독립을 해야 부모님이나 형제들 앞에서 <u>기죽지 않고 자신 있는</u> 모습을 보여줄 수 있다. (   )

2) 오늘날 우리 사회에서 재테크나 부에 대해 지나치게 관심을 보이는 것을 보면 돈이 얼마나 <u>사람들의 몸과 마음을 움직이는지</u>를 알 수 있다. (   )

3) 우리가 세계 최고로 인정받는 품질의 제품을 생산하여 정상의 자리에 <u>올라갈</u> 때까지 연구개발을 위한 투자와 노력에 최선을 다 할 것입니다. (   )

4) 직장의 근무조건도 조건이지만 같이 일하는 동료들과의 관계가 직장생활을 잘 하는 데 아주 중요한 것이라는 점에는 <u>누구나 같은 생각을 할 것이다.</u> (   )

내용 이해

1. 이 글의 주제는 무엇입니까? (   )

❶ 일의 역사

❷ 미래의 직업

❸ 현대 젊은이들의 직업관

❹ 일의 사회적인 의미 변화

2. 각 단락의 중심 내용을 찾아 연결하십시오.

1) 1단락 •		• 일에 대한 시각의 변화가 일어나고 있다.
2) 2단락 •		• 일을 통해 의식주를 해결하고 행복을 느낀다.
3) 3단락 •		• 일에는 그 일을 평가하는 사회적인 의미가 담겨 있다.
4) 4단락 •		• 일을 통한 경험과 일의 의미가 변하면서 일상에 변화가 생긴다.
5) 5단락 •		• 어떤 목적을 가지고 어떻게 직업을 가지게 되는지 생각해 보자.

3. 직업에 대한 가치관의 변화를 보여 주는 것이 아닌 것을 고르십시오. (   )

❶ 평생직장의 개념이 사라지고 있다.

❷ 직장보다 개인의 일을 중요시한다.

❸ 직업을 선택할 때 사회적 평판을 무시할 수 없다.

❹ 다른 조건보다 자신이 하고 싶은 일인지가 중요하다.

4. 직업관의 변화를 가져 온 원인 세 가지를 찾아 쓰십시오.

1) ....

2) ....

3) ....

5. 이 글의 내용과 같으면 O, 다르면 X 하십시오.

1) 경제적 이익이 있다면 언제나 적극적인 태도로 일 할 수 있다. ( )

2) 사람들이 일하기 원하는 직업의 종류는 1만 가지쯤 된다. ( )

3) 주 5일 근무제는 젊은이들의 여가 생활에 영향을 미쳤다. ( )

더 생각해 봅시다

- 여러분 나라에서 현대의 젊은이들이 선호하는 직업을 알아보고 그 이유를 이야기해 봅시다.

선호하는 직업	
선호하는 이유	

03 말에 담긴 세상

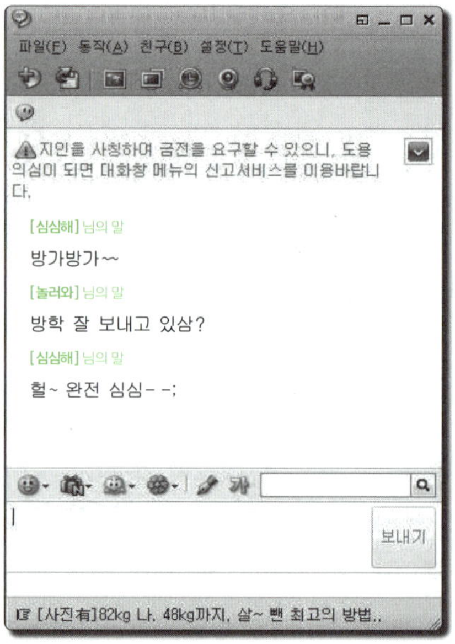

• 사전에는 나오지 않지만 편하고 재미있어서 사용하는 말들이 있습니까?

• 여러분 나라에도 이런 말들이 있는지 이야기해 봅시다.

말은 세상을 비추는 거울이고, 말은 세상을 담는 그릇이다. 거울에 세상의 온갖 것이 비치듯 말에는 세상살이[1]의 온갖 모습이 비치고, 그릇에 살림살이[2]의 갖가지 것들이 담기듯 말에는 세상살이의 갖가지 속살들이 담긴다. '앞차는 가족처럼, 뒤차는 친구처럼'이라는 표어[3]가 있다. 비록 짧지만 이 두 마디의 말에도 우리 사회의 속살과 겉모습이 드러나 있다. 우선, 차를 운전하는 사람들이 서로를 아끼며 양보하려는 마음을 넉넉히 지니지 않아서 안타까워한다는 사실을 알 수 있다. 그리고 하필 '가족처럼, 친구처럼'이라 한 것으로 보아 우리나라 사람들이 가족이나 친구는 아낀다는 사실도 알 만하다. 그 밖에도, 교통질서를 잘 지키자는 표어가 많은 것에서 우리나라의 교통질서가 어지럽다[4]는 사실을 짐작할[5] 수도 있을 것이다. 이처럼 표어 하나에서도 세상의 겉과 속을 적잖이[6] 들여다볼 수 있다.

사실, 요즘에는 청소년들끼리 자주 쓰는 말을 어른들은 알아듣지 못하는 수가 많다. "우리 오늘 번개 있는 거 알지?" 하는 말은 이제 제법[7] 알려진 말인데, 여기 쓰인 '번개'는 컴퓨터 통신에서 대화를 나누며 알게 된 사람들이 통신 공간 밖에서 만나는 것을 뜻한다. 컴퓨터의 누리 그물(인터넷)을 널리 쓰면서 생겨난 말이기에 몇 해 전까지 쉽게 들을 수 없던 말이다. 아직도 컴퓨터 통신을 잘 모르는 어른들은 알아듣지 못할 것이다.

지난날에는 어떤 사람이 마음에 들지 않으면 더러 '밥맛이 없다' 또는 '밥맛이 떨어진다'고 말했다. 그런데 얼마 전부터인지 이럴 때에 "밥맛이야!" 하고 말하게 되었다. 똑같은 느낌을 나타내면서 '~이 없다'고 하다가 '~이야'로 바뀐 것이다. 어째서 그렇게 되었을까? 밥이 귀하던 시절에 밥맛을 잃는 것은 아주 큰일 날 일이었으나 요즘 젊은이들에게 밥은 여전히 여러 먹거리 가운데 하나일 뿐이다. 밥맛이 없으면 피자나 라면을 먹으면 그만인 것이다. '밥'에 대한 생각이 달라지니까 말의 쓰임도 바뀐 것이 아닐까?

---

1) 세상살이	사람이 이 세상을 살아가는 일.
2) 살림살이	살림에 필요한 여러 가지 물건.
3) 표어	주장하는 말을 짧고 강한 느낌으로 쓴 글.
4) 어지럽다	복잡하고 무질서하다.
5) 짐작하다	추측하다.
6) 적잖이	적지 않게.
7) 제법	생각보다 더, 꽤.

그렇다면 이제 우리는 어떤 말로 이 세상과 어우러져야[8] 좋을지 생각해 보자. 부모 가운데 한 분만 살아 계시면 '편부모'라고 말해 왔다. 그런데 요즘 많은 사람들이 편부모라는 말을 버리고 '한부모'라는 말을 쓰려고 한다. 왜 그럴까? 편부모라는 말에는 '완전하지 않은 결손[9] 가정의 부모'라는 편견이 깔려 있어서 바람직하지 않다고 생각한 때문인 듯하다. 살다 보면 언제나 두 분 부모가 함께 살아 계시기는 어려운 일이다. 그러니 반드시 두 분 부모가 모두 계셔야만 완전한 가정이 되는 것이라 할 수는 없다. 우리가 '장애인'을 '장애우'로 부르려는 것이나, '장애인'의 반대말을 '정상인'이라 하지 않고 '비장애인'이라 부르려는 것도 그런 노력들 가운데 하나다.

물론 말을 바꾼다고 세상이 갑자기 바뀌는 것은 아닐 것이다. 하지만 우리가 '장애우'라고 바꾸어 말하는 것이 평등하고 따뜻한 세상으로 다가가는 첫걸음이 되지는 않을까? 이처럼 말은 세상을 비추고 담아내는 것에 그치지 않고 세상을 새롭게 만들어 가는 구실[10]도 한다. 어떤 말을 쓰느냐에 따라 이 세상의 모습은 달라질 수 있다. 우리는 우리가 쓰는 말에 대해 별로 생각하지 않고 살아간다. 하지만 때로는 우리가 쓰는 말을 곰곰이 살피면서 삶과 세상의 모습도 생각해 보는 것이 좋지 않을까? 쓰는 말들을 자주 돌아보고 살피는 사람과 그렇지 않은 사람들이 만들어 내는 세상은 다를 터이기 때문이다.

---

8) **어우러지다** 여럿이 잘 어울려 하나가 되다.
9) **결손** 모자람.
10) **구실** 자기가 해야 할 일.

어휘 연습

1. 의미가 비슷한 것끼리 연결하십시오.

1) 더러 •	• 꽤
2) 제법 •	• 가끔
3) 여전히 •	• 아직까지
4) 곰곰이 •	• 심각하게

2. 다음 두 문장에 공통으로 들어갈 어휘를 쓰십시오.

[보기]
아끼다　　어지럽다　　귀하다　　알아듣다

1) 자원을 ....는/은/ㄴ 것도 환경을 보호하는 방법 중 하나이다.
   아버지는 평소에 유난히 ....으시던/시던 만년필을 형에게 주셨다.
2) 그 사람은 딸이 많은 집의 막내아들로 태어나 ....게 자랐다.
   예전에는 꿀이 ....어/아/여 구하기 어려웠으나 지금은 흔하게 볼 수 있다.
3) 사회 질서를 ....게 만드는 사람은 법의 심판을 받아야 한다.
   강한 햇볕 아래 오랜 시간 서 있으면 ....어서/아서/여서 쓰러지기도 한다.
4) 선생님이 설명한 것을 제대로 ....지 못해서 문제의 답을 맞히지 못했다.
   술을 마셔서 그런지 발음이 분명하지 않아서 그 사람의 말을 ....기 힘들었다.

3. 밑줄 친 말과 바꾸어 쓸 수 있는 말을 골라 쓰십시오.

[보기]
가나다라　　당근과 채찍　　첫걸음　　노른자

1) 한국말을 잘 하려면 일단 <u>한글</u>부터 외우세요. (　　　　)
2) 여기가 강남의 <u>가장 중요한 지역</u>이니까 여기에 투자를 해 보세요. (　　　　)
3) 직원들이 일을 잘 하게 하기 위해서는 <u>상벌</u>을 적절히 주어야 한다. (　　　　)
4) '장애우'라고 바꾸어 말하는 것이 세상을 바꾸는 <u>시작</u>이 되지 않을까? (　　　　)

내용 이해

1. 이 글의 내용이 아닌 것을 고르십시오. (   )

❶ 생각이 달라지면 말도 바뀐다.

❷ 말에는 세상의 모습이 담겨 있다.

❸ 새로 생긴 말을 자연스럽게 사용해야 한다.

❹ 어떤 말을 쓰느냐에 따라 세상은 달라진다.

2. '앞차는 가족처럼, 뒤차는 친구처럼'이라는 표어에 담긴 우리 사회의 겉모습과 속살은 무엇입니까?

우리 사회의 겉모습	
우리 사회의 속살	

3. 밥에 대한 생각이 달라진 것을 보여주는 표현은 무엇입니까?

4. 세상을 바꾸려는 노력이 담긴 말이 아닌 것을 찾으십시오. (   )

❶ 편부모 → 한부모

❷ 장애인 → 비정상인

❸ 청소부 → 환경미화원

❹ 귀머거리 → 청각장애인

5. 이 글의 내용과 같으면 O, 다르면 X 하십시오.

1) 우리가 쓰는 말에는 우리 사회의 모습이 담겨 있다. ( )

2) '번개'같은 말은 인터넷을 모르는 어른들도 아는 익숙한 단어가 되었다. ( )

3) 언어로 표현하는 방식은 우리 삶에 영향을 준다. ( )

더 생각해 봅시다

• 다음은 요즈음 젊은이들이 많이 사용하는 표현입니다. 보기와 같이 알맞은 표현으로 바꾸어 보고 이러한 현상에 대한 여러분의 생각을 이야기해 봅시다.

> 미선, 방가방가!!
> 반가워!
>
> 열공중이삼?
>
> 수욜 오후에 친구들이랑 미팅 있는데,
>
> 어때? 수업 땡땡이 치고 같이 가지 않을래?
>
> 자세한 내용은 이멜로 보낼 테니까 쫌 이따 체크해봐.
>
> 오케이?

제6과 지식과 사회

01 나라마다 다른 골뱅이 이름

02 텔레비전 끄기 운동

03 삶의 등대, 도서관

01 나라마다 다른 골뱅이 이름

• 여러분 나라에서 @ 표시를 어떻게 읽습니까?

• 왜 나라마다 @를 부르는 말이 다른지 이야기해 봅시다.

인터넷 전자메일이 생기면서 주소를 적는 동서양의 문화 차이는 의미를 잃게 되었다. 골뱅이(@)[1]만 달면 자기가 사는 나라와 도시, 자기 집 번지[2]까지도 필요 없다. 자신의 ID와 사용하는 메일 서버명만 적으면 그만이다[3]. 그러면 자신이 지구 시민이 된 것을 확인하고, 국가나 소속 집단을 통하지 않고서도 세계와 직접 만나게 되는 짜릿한[4] 쾌감[5]을 맛볼 수 있다. 골뱅이만 달면 산도 강물도 없어진다. 누런 빛 봉투의 무게도 우체부 아저씨의 배달가방도 없다. 대체 이 신기한 골뱅이는 어디에서 온 것일까?

골뱅이라는 기호 (@)는 나라마다 부르는 이름이 다르다. 흥미롭게도 프랑스와 이탈리아 사람들은 우리와 비슷하게 @를 '달팽이'라고 부른다. 역시 이 두 나라 사람들은 라틴계 문화의 뿌리도 같고 디자인 강국답게 보는 눈도 비슷하다. 그런데 독일 사람들은 그것을 '원숭이 꼬리'라고 부른다. 그리고 동유럽 폴란드나 루마니아 사람들은 꼬리를 달지[6] 않고 그냥 '작은 원숭이'라고 부른다. 그러니까 나라가 달라지면 @의 모양이 원숭이 꼬리로 보이기도 하고 원숭이의 귀로 보이기도 하는 모양이다. 터키에서는 '귀'라고 부르니 말이다.

그런데 더욱 이상한 것은 북유럽의 핀란드에 가면 '원숭이 꼬리'가 '고양이 꼬리'로 바뀌게 되고, 러시아로 가면 그것이 원숭이와는 앙숙[7]인 '개(소바카)'로 불린다는 사실이다.

아시아는 아시아대로 다르다. 중국 사람들은 점잖게[8] 쥐에다 노(老)자를 붙여 '라오수' 또는 '라오수하오'라 부른다. 일본은 태풍의 나라답게 '나루토(소용돌이)'라고 한다. 혹은 일본식 영어로 '앳 마크'라고도 한다.

아무리 봐도 달팽이나 원숭이 꼬리로는 보이지 않는다. 더구나 오리, 개, 그리고 쥐 모양과는 닮은 데라곤 없는데도 그들의 눈에는 그렇게 보이는 모양이니 문화란 참으로 신기한 것이다. 더욱 재미있는 것은 스웨덴에서는 '코끼리의 몸통'이라고

---

1) **골뱅이** 바다 고둥류이나 그 모양 때문에 @를 읽는 말로 쓰임.
2) **번지** 주소를 표시할 때 쓰는 숫자로 땅을 나누어 번호로 매긴 것.
3) **그만이다** 그것으로 끝이다.
4) **짜릿하다** 심리적 자극을 받아 마음이 순간적으로 조금 흥분되고 떨리는 듯하다.
5) **쾌감** 상쾌하고 즐거운 느낌.
6) **달다** 글이나 말에 설명 따위를 덧붙이거나 보태다.
7) **앙숙** 서로 미워하는 사이.
8) **점잖다** 말과 행동이 가볍지 않고 품격이 있다.

부른다는 사실이다. 어떻게 '달팽이'에서 '코끼리'까지 크기가 그렇게 달라질 수 있는지 놀랍기만 하다.

팔이 안으로 굽어서가 아니라 30여 개의 인터넷 사용국 중에서 @와 제일 가까운 이름은 우리나라의 골뱅인 것 같다. 골뱅이의 윗 단면[9]을 찍은 사진을 보여 주면 모양이나 크기까지 어느 나라 사람이든 무릎을 칠 것 같다.

---

9) **단면** 물체의 잘라 낸 면.

어휘 연습

1. 다음 표현에 맞는 의미를 연결하십시오.

1) 의미를 잃다 •	• 같은 기원을 가지고 있다.
2) 뿌리가 같다 •	• 갑자기 어떤 사실을 알게 되다.
3) 무릎을 치다 •	• 그 뜻이 별로 중요하지 않게 되다.
4) 팔이 안으로 굽다 •	• 자기와 더 가까운 사람에게 정이 가다.

2. 빈칸에 알맞은 어휘를 쓰십시오.

[보기]
그만이다　　흥미롭다　　짜릿하다　　점잖다　　신기하다

1) 아무리 먼 곳에 보내는 편지라도 마우스로 '보내기'만 누르면 ....이니 참 편리한 세상이다.

2) 놀이기구를 타고 높이 올라갔다가 갑자기 떨어질 때는 ....기도 하고 무섭기도 한 흥분에 빠진다.

3) 내 기억 속의 할아버지는 한복을 입고 항상 여유있는 미소를 지으시던 품위있고 ....는/은/ㄴ 분이셨다.

4) 외국인 관광객들이 이야기의 흐름을 정확히 아는 것 같지는 않았으나 탈춤 공연을 관심을 가지고 ....게 지켜보고 있었다.

5) 어릴 때는 처음 보는 것들이 모두 ....고 놀랍기만 했었는데 지금은 그런 새로움을 맛볼 수가 없다.

3. 다음 부호의 이름을 찾아 쓰십시오.

[보기]
느낌표　　물음표　　쉼표　　마침표　　따옴표　　괄호　　밑줄　　우물 정

1) # ....　　5) ? ....

2) " " ....　　6) ( ) ....

3) , ...　　7) . ...

4) ! ....　　8) __ ....

내용 이해

1. 이 글에서 이야기한 내용이 아닌 것을 고르십시오. (　　　)

❶ 전자메일의 편리함

❷ 전자메일의 필요성

❸ @를 부르는 다양한 이름

❹ 기호를 읽는 데 나타난 문화의 차이

2. 전자메일이 생기면서 의미를 잃게 된 것은 무엇입니까?

3. 전자메일의 장점 세 가지를 찾아 쓰십시오.

1) ....

2) ....

3) ....

4. @를 부르는 여러 나라의 어휘들을 찾아 쓰십시오.

나라	@를 가리키는 말
독일	
러시아	
스웨덴	
일본	
중국	
터키	
폴란드, 루마니아	
프랑스, 이탈리아	
핀란드	

5. 이 글의 내용과 같으면 O, 다르면 X 하십시오.

1) 글쓴이는 국가를 구별하거나 번지가 있는 주소를 사용할 필요가 없다고 주장한다. (　　)

2) 30여 개의 인터넷 사용국가에서 골뱅이라는 이름을 사용하고 있다. (　　)

3) 글쓴이는 골뱅이를 @의 가장 적당한 이름이라고 생각한다. (　　)

더 생각해 봅시다

- 여러분은 @에 어울리는 표현이 무엇이라고 생각합니까? 그리고 @ 뿐만 아니라 나라마다 다르게 표현하는 것을 조사하고 이야기해 봅시다.

	한국	여러분의 나라
이모티콘	^.^	
몸짓(제스처)의 의미		
기타		

02 텔레비전 끄기 운동

• 일주일에 텔레비전 시청 시간은 얼마나 됩니까?

• 텔레비전이 없다면 텔레비전을 보는 대신 무엇을 하겠습니까?

텔레비전 끄기 운동, 한국에서도 시작

텔레비전은 모든 가정이 한두 대 이상 보유하고[1] 있는 현대인의 필수품이 되었다. 그런데 그 유해성[2]과 중독의 심각성을 걱정하는 목소리가 높아지고 있다. 2004년 통계청 조사에 따르면 한국인의 주당 텔레비전 시청 시간은 22.4시간에 이르며, 15~19세 청소년의 경우 18.8시간이라고 한다. 주말이나 휴일에 여가 시간을 어떻게 보내느냐는 질문에도 텔레비전 시청이라는 응답이 26.1%로 압도적이었다. 한국인들은 일주일 중 하루를 텔레비전 앞에서 보내는 셈이다.

미국에서는 비영리[3] 단체[4]인 '텔레비전 끄기 네트워크(www.tvturnoff.org)'가 1995년부터 "텔레비전을 꺼야 삶이 살아난다! 독서는 많이, 텔레비전 시청은 더 적게!"라는 구호[5]를 외치며 매년 4월 '1년에 1주일 텔레비전 끄기' 캠페인을 벌이고[6] 있다. 미국 전역[7]에서 수많은 사람들이 '텔레비전 끄기 주간'에 이 캠페인에 동참한 결과, 95년 이후 약 1,800만 명이 참여한 것으로 집계되었다[8]. 텔레비전 끄기 운동은 미국의학협회, 국가교육위원회 등 100여 개 기관[9]의 후원[10]도 받고 있다.

'텔레비전 끄기 네트워크'는 비만의 주된 원인이 텔레비전이며, 혼자서 오래 앉아 텔레비전을 시청하는 것은 정신적으로나 육체적으로 건강에 해롭다는 점에서 이 운동의 필요성을 강조한다. 다음과 같은 텔레비전의 유해성을 알게 되면 텔레비전 끄기의 필요성을 더욱 공감할 것이다. 첫째, 무의식적으로 간식을 먹고 운동이 부족하여 비만해질 위험성이 있다. 둘째, 건강에 대한 정보가 넘쳐 사람들이 지나치게 건강을 염려한다[11]. 셋째, 음주와 흡연 장면이 지나치게 많아 술과 담배가 해가 되지 않는다고 느낀다. 넷째, 부정적인 사건 · 사고와 재난에 관한 보도로 인해 스트레스와

---

1) 보유하다	가지고 있다.
2) 유해성	해가 되는 성질이나 특성.
3) 비영리	재산상의 이익을 목적으로 하지 않음.
4) 단체	같은 목적을 가지고 모인 사람들의 조직이나 집단.
5) 구호	요구나 주장을 나타내는 짧은 말이나 글.
6) 벌이다	일을 계획하여 시작하거나 펼쳐 놓다.
7) 전역	지역의 전체.
8) 집계되다	이미 계산한 것들이 합쳐져 계산되다.
9) 기관	어떤 역할과 목적을 위하여 만든 조직.
10) 후원	뒤에서 도와줌.
11) 염려하다	앞일에 대하여 여러 가지를 걱정하다.

불안감이 가중된다[12]. 다섯째, 비현실적인 폭력물을 많이 보면서 자신도 모르게 폭력적인 성향을 갖게 된다. 여섯째, 일방적으로[13] 쏟아지는 시각 정보로 인해 학습 능력이 떨어진다.

텔레비전 끄기 운동은 영국이 더 깊은 역사를 가지고 있다. 런던 남동부의 한 공동체 마을에는 250명의 주민이 거주하는데도 텔레비전이 한 대도 없다. 가족과 대화를 하거나 독서를 하면서 저녁 시간을 보내는 이곳 청소년들은 옥스퍼드와 케임브리지 대학에 진학하는 비율이 영국 내에서 최고 수준이라고 한다.

국내에서도 2005년 1월 18일에 '텔레비전 끄기 시민 모임'이 출범했다[14]. 이 단체는 어린이 주간인 5월 첫째 주와 독서의 달인 9월의 한 주를 텔레비전을 안 보는 주간으로 지정하였다. 이 단체의 텔레비전 끄기 운동은 텔레비전 프로그램의 내용 개선을 요구하는 이전의 시청자 운동과 달리 시청자의 시청 시간을 조절하려는 데 더 큰 목적을 두고 있다. 이 운동에 동참한 사람들은 텔레비전을 끄고 온 가족이 산책이나 운동을 시작하였다. 그 결과, 가족 간에 대화하는 시간이 많아져 의사소통이 잘 되었고 아이들은 물론 부모도 책을 읽는 시간이 훨씬 늘었다고 한다. 특히 어린이들은 다양한 사물에 관심을 보이며 집중하는 모습을 보였다. 그러나 국내외에서 나날이 확산되고[15] 있는 '텔레비전 끄기 운동'이 정보화 사회라는 시대적 흐름을 거부하는 것이므로 시대에 뒤떨어진다는 비판을 받기도 한다.

(서울=연세신문) 김서현 기자 shkim@ysn.co.kr

---

12) 가중되다 책임이 더 무거워지다.
13) 일방적으로 어느 한 쪽으로 치우쳐서.
14) 출범하다 단체가 새로 만들어 일을 시작하다.
15) 확산되다 흩어져서 넓게 퍼지다.

어휘 연습

1. 밑줄 친 표현과 관계있는 어휘를 찾아 쓰십시오.

[보기]
염려되다　가중되다　집계되다　확산되다

1) "학교 등록금에 학원비까지 요즘 지출되는 돈 때문에 생활비 부담이 점점 커지고 있어요." (　　　　)

2) "이번에 발생한 산불의 피해지역이 더 넓게 퍼지지 않도록 정부가 대책을 마련했습니다." (　　　　)

3) "밤 12시가 넘도록 연락도 없이 아이가 집에 안 오고 있어요. 아무 일도 없어야 하는데 걱정입니다." (　　　　)

4) "이번 사고로 인명피해가 컸습니다. 사망자와 부상자가 모두 몇 명인지 확인되는 대로 알려 드리겠습니다." (　　　　)

2. 밑줄 친 부분과 의미가 같은 것을 고르십시오.

1) (　　　)

[보기]
전역

❶ 전공　❷ 전국
❸ 전기　❹ 전시

2) (　　　)

[보기]
주간

❶ 주거　❷ 주도
❸ 주말　❹ 주유소

3. 다음 어휘를 1)과 같이 고치십시오. 그리고 그 어휘를 사용하여 2)의 문장을 완성하십시오.

[보기]
만족하다　불안하다　성취하다　심각하다
유해하다　위험하다　자신하다　필요하다

YONSEI KOREAN READING 4

1)

감정 (-감)	성향 (-성)
불안감	유해성

2)

❶ 전문가의 말에 의하면 저 건물은 곧 무너질 ________이/가 크다고 한다.

❷ 지구 온난화는 우리에게 환경오염의 ________을/를 실감하게 해 준다.

❸ 아이들이 스스로 해냈다는 ________을/를 느낄 수 있도록 성적이 올랐을 때 칭찬과 함께 상을 주는 것이 좋다.

❹ 불경기가 지속되면서 국민들은 경제 상황이 더 나빠질 것이라는 ________에서 벗어나지 못하고 있다.

❺ 텔레비전이나 휴대전화를 통해 발생하는 전자파의 ________이/가 크다는 것이 알려진 이후 전자파를 방지하는 상품이 꾸준히 개발되고 있다.

내용 이해

1. 각 단락의 중심내용을 찾아 연결하십시오.

1) 1단락 •　　　• 한국인의 텔레비전 시청 경향
2) 2단락 •　　　• 텔레비전 끄기 운동의 필요성
3) 3단락 •　　　• 영국의 텔레비전 끄기 운동 소개
4) 4단락 •　　　• 한국의 텔레비전 끄기 운동의 목적과 성과
5) 5단락 •　　　• 미국의 텔레비전 끄기 운동의 목적과 성과

2. 텔레비전을 꺼야 하는 이유가 아닌 것을 고르십시오. (　　　)

❶ 일방적인 시각 정보 때문에 공부를 잘 할 수가 없다.
❷ 건강 정보가 너무 많아 사람들이 지나치게 건강을 걱정한다.
❸ 비현실적인 폭력물들을 많이 보면 스트레스와 불안감이 쌓인다.
❹ 무의식적으로 간식을 먹어 운동 부족으로 뚱뚱해지는 수가 있다.

3. 이 글의 내용에 맞게 ....에 알맞은 말을 쓰십시오.

한국에서 2005년에 시작된 '텔레비전 끄기 운동'의 목적은 텔레비전 프로그램의 개선을 요구하는 것이 아니라 ....을/를 조절하려는 것이다. 이 운동에 동참한 사람들은 ....이/가 많아져 의사소통이 잘되고 ....이/가 훨씬 늘었다고 말한다.

4. '텔레비전 끄기 운동'이 비판을 받기도 하는 이유는 무엇인지 찾아 쓰십시오.

5. 이 글의 내용과 같으면 O, 다르면 X 하십시오.

1) 한국인들 중에서 텔레비전을 시청하면서 여가 시간을 보내는 사람이 많다. (　　)
2) 텔레비전을 끄거나 보지 말자는 운동은 미국에서 처음 시작되었다. (　　)
3) 국내의 텔레비전 끄기 운동은 과거의 시청자 운동과 차이점이 전혀 없다. (　　)

더 생각해 봅시다

• '1년에 1주일 텔레비전 끄기' 캠페인처럼 우리 사회나 전 세계가 함께 참여하고 있는 운동이 있습니까? 그리고 여러분은 어떤 운동에 참여하고 싶습니까? 그 이유는 무엇입니까?

참여하고 싶은 운동	참여하고 싶은 이유
모피코트 안 입기	동물을 보호하고 환경오염을 줄일 수 있기 때문이다.
1회용품을 덜 사용하기	
전 세계의 주요 건물 1시간 동안 불끄기	

03 삶의 등대, 도서관

• 사람들이 도서관에 가는 목적은 무엇입니까?

• 인터넷 등의 정보 기술이 더 발전하게 되면 도서관의 모습이 어떻게 바뀔까요?

바다를 항해하는[1] 배는 등대[2]가 있어야 안전한 항해를 할 수 있다. 그렇다면 망망대해[3]와 같은 삶을 살아가는 데 제대로 된 방향으로 이끌어줄 수 있는 등대와 같은 것이 있을까? 물론 나름의 등대를 찾아 그 등대를 지표[4]삼아 생활을 해나갈 것이다. 그러나 뭔가 공통적으로 '그래, 이것이야!' 할 수 있는 것은 없을까 하는 의문을 가진다. 있기는 있을 것 같은데 그것이 무엇일까?

나는 그것이 바로 도서관이라고 생각한다. 도서관? 왜 도서관이지 하고 생각할 수 있을 것이다. 도서관은 "도서 · 회화 · 기타 자료를 수집 · 정리 · 보관하여, 이용자의 요구에 따라 신속하고 효과적이며 창조적으로 활용할 수 있도록 봉사하는 기관"이다. 그런데 이것이 어떻게 삶에서 등대가 될 수 있을까?

우리가 살아가고 있는 이 사회는 대체로 지식사회 또는 지식정보사회라는 것에는 다들 동의할 것이다. 지식정보사회는 지식과 정보가 이전 시대에 중요하던 토지나 자본의 자리를 대신한 사회이다. 즉, 독창적이면서도 수준 높은 지식과 정보를 갖는 것이 성공의 지름길이 되는 사회로, 우리도 급격하게[5] 이러한 사회가 되어가고 있다.

우리나라는 세계에서 가장 앞선 정보 인프라를 갖춘 나라다. 그러나 질 좋은 지식과 정보를 제대로 갖추고 있는지는 긍정적인 답을 하기는 어렵지 않을까? 지식과 정보는 오랜 시간 잘 숙성[6]된 술과 같다. 그리고 그러한 지식과 정보의 활용은 하나의 습관이고 태도이며, 기술을 넘어 일종의 문화이기 때문이다. 그래서 우리나라에서 인터넷이 발달하고 휴대전화가 급격하게 보급되었다고는 해도 우리나라가 21세기 세계를 선도하는[7] 지식강국, 정보강국이 되었다고 하기에는 적지 않은 과제가 남았다고 생각한다.

한편으로 개인으로서는 지식과 정보를 제대로 습득하고 활용하는 것이 보통 만만한[8] 일이 아니라는 사실에 문제가 있다. 무엇보다도 수많은 지식과 정보를

---

1) 항해하다 — 배가 강이나 바다 위를 떠다니다.
2) 등대 — 밤에 배가 다니는 길의 위험한 곳을 비추거나, 목표로 삼게 하기 위해 등불을 켜놓는 작은 건축물.
3) 망망대해 — 아주 크고 넓은 바다.
4) 지표 — 방향을 가리키는 표지.
5) 급격하다 — 변화 · 행동 등이 급하고도 강하다.
6) 숙성 — 잘 익음.
7) 선도하다 — 다른 것이 따라올 수 있도록 앞에서 이끌다.
8) 만만하다 — 마음대로 대할 만하다.

어디에서 제대로 구해볼 수 있을까? 고급의 자료는 비싼 돈을 주어야 구해볼 수 있다. 그러다 보니 정보화 사회가 되면 될수록 정보 격차[9]는 더욱 커지고 이것이 사회 양극화[10]의 원인이 되고 있다. 정보가 무한한 시대에 정보의 빈곤에 시달리는 아이러니 현상을 극복할 수 있는 사회적 대안[11]이 없이는 이제 개인은 점점 더 지식과 정보에서 소외[12]될 수밖에 없다.

이같은 상황에서 우선 필요한 것은 누구나 쉽게 유용한 지식과 정보를 활용할 수 있도록 사회가 뒷받침을 해주는[13] 일이다. 사실 이 같은 방식이 이미 오래 전부터 있어 왔다. 서구 시민혁명 이후 이미 착실하게 구축되어[14] 온 '오래된 미래', 즉 도서관(그 중에서도 공공도서관)이 그것이다. 우리가 되고자 하는 선진국은 사실상 공공도서관과 공교육이라는 두 기둥을 축[15]으로 성장해 왔다고 할 수 있다.

누구나 읽고 쓸 수 있도록 하면서 평생 필요한 지식과 정보를 활용할 수 있도록 늘 열려 있는 지식과 정보제공 기관인 도서관을 잘 만들어온 탓에 국민들 각자의 민주적 역량[16]과 개인적 능력이 크게 성장할 수 있었던 것이다. 이러한 도서관들은 이제 국제적으로 연결되어 누구라도 필요한 사람은 접근할 수 있다. 이처럼 도서관은 새로운 지식정보사회를 살아가는 데 꼭 필요한 '지혜의 등대'이다.

그런데 우리나라에서는 도서관을 모든 사람을 위한 지식과 정보의 시장으로 이해하지 못하고 여전히 많은 경우 개개인의 사적 좌석 점유[17] 공간으로 알고 있는 것 같다. 도서관에 가면 모든 분야의 지식과 정보가 수집되어 잘 정리되어 있다. 그리고 누구라도 쉽게 이용할 수 있다. 인터넷도 필요하면 무료로 이용할 수 있다. 그리고 무엇보다도 잘 훈련된 전문가(사서)가 누구에게라도 친절하고 유용한 도움을 줄 준비를 하고 기다리고 있다. 이제 도서관을 잘 이용해서 자신의 삶을

---

9) 격차 　차이가 나는 정도.
10) 양극화 　서로 점차 더 달라지고 멀어짐.
11) 대안 　어떤 의견에 대신하는 다른 의견.
12) 소외 　주위에서 꺼리며 멀리함.
13) 뒷받침하다 　눈에 보이지 않게 도와주는 역할을 하다.
14) 구축되다 　만들어져 쌓이다.
15) 축 　활동이나 회전의 중심.
16) 역량 　어떤 일을 해낼 수 있는 힘, 또는 그 힘의 정도.
17) 점유 　자기의 것으로 함.

주체적이고 풍요롭게 살아갈 것인지는 개개인이 선택할 몫이다.

그러나 도서관은 우리 삶의 길을 비추고, 삶에 필요한 것들을 제공하는 곳이다. 이제 우리는 이 등대를 지표삼아 이 지식과 정보의 망망대해에서 쓸 만한 것들을 건져 잘 활용해서 스스로 자신의 행복을 찾아가면 좋겠다. 요즘 도서관에 대한 관심이 많아지고 있는 것은 바람직한 현상이라 고맙기 그지없다.

어휘 연습

1. 다음 표에 관계있는 어휘를 골라 쓰십시오.

[보기]

항해하다 빈곤 정리 양극화 수집
등대 자료 사서 소외 망망대해 보관

사회 현상	바다	도서관
빈곤		

2. 빈칸에 알맞은 어휘를 쓰십시오.

[보기]

정보의 빈곤 정보제공 정보강국 정보사회 정보 인프라

........................이란/란 수준 높은 지식과 정보를 통해 발전과 성공을 이루는 사회이다. 우리나라는 휴대폰이나 초고속 인터넷 등의 세계적인 ....을/를 갖춘 ....이다. 하지만 정보 격차가 점점 커져 ....에 시달리는 사람이 많아지고 있다. 이러한 현상을 극복하기 위해 .... 기관인 도서관을 많이 보급해야 하는 과제를 가지고 있다.

3. 밑줄 친 말과 의미가 다른 것을 고르십시오.

1) (　　　)

[보기]
급격하다

❶ 급등하다　❷ 급락하다
❸ 급식하다　❹ 급증하다

2) (　　　)

[보기]
양극화

❶ 양쪽　❷ 양약
❸ 양손　❹ 양방향

내용 이해

1. 이 글의 내용과 같은 것을 고르십시오. (　　　)

❶ 정보 격차가 큰 것이 사회 양극화의 원인이 된다.

❷ 우리가 살고 있는 이 사회는 토지나 자본이 중요한 시대이다.

❸ 우리나라는 이제 21세기 세계를 선도하는 정보강국이 되었다.

❹ 우리나라에서는 도서관을 지식과 정보의 장으로 이용하고 있다.

2. 글쓴이는 도서관이 무엇을 하는 기관이라고 합니까?

3. 글쓴이는 왜 도서관을 '삶의 등대'라고 합니까?

4. 이 글에서 다음을 비유하는 말을 찾아 쓰십시오.

	글쓴이의 비유
도서관	삶의 등대,
삶	
지식과 정보	

5. 이 글의 내용과 같으면 O, 다르면 X 하십시오.

1) 선진국이 갖추어야 할 두 가지는 공공도서관과 공교육이다. ( )

2) 우리나라는 세계에서 가장 앞선 정보 인프라를 갖춘 나라이다. ( )

3) 사서는 삶을 주체적이고 풍요롭게 살아가도록 도와주는 전문가이다. ( )

더 생각해 봅시다

• 다음의 어휘를 어떤 말로 비유할 수 있을까요? 여러분의 생각을 써 보고 왜 그렇게 비유했는지 이야기해 봅시다.

	여러분의 비유	이유
도서관	보물 창고	보물과 같이 가치가 있는 것들을 얻을 수 있기 때문에
삶		
지식과 정보		

제7과 한국의 민속

01 솟대와 장승

02 오일장

03 음식 속에 담긴 의미

01 솟대와 장승

• 사람들은 위 사진 속에 있는 조각물을 왜 만들어 놓았을까요?

• 이런 조각물은 어디에서 볼 수 있습니까?

한국의 시골 마을 입구에 가면 긴 장대[1] 위에 오리 모양의 '나무새'나 '돌새'가 있는 것을 볼 수 있는데 이를 솟대라고 부른다. 솟대는 그 기원[2]이 매우 오래되었으며 한국뿐만 아니라 일본이나 시베리아에서도 비슷한 것을 찾아볼 수 있다.

솟대에는 여러 가지 종교적인 상징[3]이 담겨 있다. 장대는 하늘에서 땅으로 내려오는 통로[4]이며 꼭대기의 새는 땅과 하늘을 오가며 인간과 신을 연결하는 존재[5]이다. 특히 오리는 먼 곳으로 이동하는 철새[6]이기 때문에 사람들은 오리가 이승[7]과 저승[8]을 오갈 수 있으며 죽은 사람의 영혼이 오리가 되어 하늘로 날아 올라간다고도 생각하였다.

한국인들은 재앙[9]으로부터 마을을 보호하고 풍요[10]를 기원하기[11] 위하여 솟대를 만들어 마을 입구에 세워 두고 제사를 드렸다. 한 개인이나 가정의 소망을 이루기 위해서 또는 가정에 기쁜 일이 있을 때 집 앞이나 조상의 무덤 앞에 일정 기간 동안 솟대를 세워 놓기도 했다.

솟대처럼 마을의 수호신[12] 역할을 하는 것으로 장승이 있다. 장승은 돌이나 나무를 조각하여 마을이나 사찰 입구, 길거리에 세워둔 것이다. 보통 얼굴과 몸체로 이루어졌는데 얼굴은 대개 사람이나 귀신, 부처의 모습을 하고 있다. 그 모습이 기괴하면서도[13] 순박한 것이 특징이다. 장승은 세월이 지나면서 썩기 때문에 지금은 거의 박물관에서나 볼 수 있지만 돌장승은 오래 전에 만든 모습 그대로 전해 오고 있다.

---

1) 장대 대나무나 나무로 다듬어 만든 긴 막대기.
2) 기원 사물이 처음으로 생긴 근원.
3) 상징 어떤 개념이나 사물을 구체적인 사물로 나타냄.
4) 통로 통하여 다니는 길.
5) 존재 현실에 실제로 있음. 또는 그런 대상.
6) 철새 철을 따라 이리저리 옮겨 다니며 사는 새.
7) 이승 지금 살고 있는 세상.
8) 저승 사람이 죽은 뒤에 그 혼이 가서 산다고 하는 세상.
9) 재앙 뜻하지 않게 생긴 불행한 사고 또는 천재지변으로 인한 불행.
10) 풍요 많아서 넉넉함.
11) 기원하다 바라는 일이 이루어지기를 빌다.
12) 수호신 국가, 민족, 개인 등을 지키고 보호하여 주는 신.
13) 기괴하다 모양이나 분위기가 괴상하고 기이하다.

장승은 몇 가지 중요한 기능을 가지고 있다. 우선 마을이나 사찰[14] 입구에 서서 외부에서 들어오는 악한 것을 쫓는[15] 역할을 했다. 또한 장승은 '여기에서 서울까지 몇 십 리(里)' 하는 식으로 이정표[16] 기능도 했다. 사람이 오가는 길목에서 도로 표지판이 되는 것이다. 이외에도 장승은 마을과 마을을 구분해 주며 사람들의 약속 장소로도 이용되었다. 북아메리카나 시베리아, 하와이의 원주민[17] 문화에서도 장승과 비슷한 기능을 하는 나무 조각을 발견할 수 있으며, 중앙아시아나 몽골에도 돌로 만든 수호신이 있다.

세계 곳곳에서 솟대나 장승과 같이 수호신 역할을 하는 조각물을 발견할 수 있다는 것은 흥미로운 일이다. 복을 빌고 재앙을 막으려는 것은 세계 공통의 풍습이며 인류의 소중한 문화유산이라고 하겠다.

---

14) 사찰	절.
15) 쫓다	사람 · 동물을 강제로 있는 자리에서 다른 곳으로 가게 하다.
16) 이정표	도로에서 어느 곳까지의 거리나 방향을 알려 주는 표지.
17) 원주민	그 지역에 원래부터 살고 있는 사람들.

어휘 연습

1. 다음 어휘에 맞는 의미를 연결하십시오.

1) 상징 •	• 어떤 일을 바라는 것
2) 통로 •	• 통해서 다닐 수 있는 길
3) 제사 •	• 생각이나 느낌을 떠오르게 하는 구체적인 사물
4) 소망 •	• 신이나 죽은 조상에게 음식을 바치며 절하는 의식

2. 빈칸에 알맞은 어휘를 쓰십시오.

[보기]
기원하다　　보호하다　　이동하다　　쫓다

1) 문화유산은 파손되거나 잃어버리지 않도록 적극적으로 ....어야/아야/여야 한다.

2) 옛날 사람들은 자연의 신들에게 장수와 풍년을 ....는 민간신앙을 가지고 있었다.

3) 마을 입구에 있는 큰 당산나무는 마을을 지키고 나쁜 귀신을 멀리 ....어/아/여 준다고 믿었다.

4) 우리나라의 서해안에는 해마다 겨울에 북쪽에서 철새들이 ....어/아/여 와서 새를 관찰할 수 있는 장소가 많다.

3. 두 어휘의 관계가 다른 것을 고르십시오. (　　　)

❶ 무덤 – 묘

❷ 조상 – 후손

❸ 역할 – 기능

❹ 이정표 – 도로 표지판

내용 이해

1. 이 글의 내용이 아닌 것을 고르십시오. (　　)

❶ 솟대의 상징

❷ 솟대의 기능

❸ 장승의 역사

❹ 장승의 역할

2. 솟대의 장대와 새가 상징하는 의미를 찾아 쓰십시오.

1) 장대 : ....

2) 새 : ....

3. 솟대를 세우는 이유가 아닌 것을 고르십시오. (　　)

❶ 재앙을 막기 위해

❷ 소망을 이루기 위해

❸ 풍요를 기원하기 위해

❹ 장소를 구별하기 위해

4. 장승과 솟대의 공통적인 기능은 무엇입니까?

5. 이 글의 내용과 같으면 O, 다르면 X 하십시오.

❶ 솟대를 세우는 곳은 마을 입구, 집 앞, 무덤 앞이다. (　　)

❷ 장승은 이제 박물관에서만 볼 수 있는 유적이다. (　　)

❸ 솟대와 같은 조각물은 아시아뿐만 아니라 세계 여러 곳에서 발견되고 있다. (　　)

더 생각해 봅시다

• 여러분 나라에서는 해나 달과 같은 자연물이나 솟대와 같은 조각물에 축복이나 행운을 기원하는 풍습이 있습니까? 조사해서 발표해 봅시다.

대상	기원의 내용	나라
솟대	마을 보호, 풍요 기원	한국
강물		
돌		
나무		

02 오일장

• 위 사진의 장소는 어디입니까? 그곳에서 무엇을 볼 수 있습니까?

• 여러분은 재래시장과 대형마트 중에서 어디를 더 선호합니까?

'가는 날이 장날'이라는 속담이 있다. 어떤 일이 겹쳐서[1] 하려고 했던 일을 하지 못했을 때 쓰는 속담이다. 이 속담의 유래를 살펴보면 아는 사람에게 볼일이 있어 찾아 갔는데 하필[2] 그날이 장날이라 그가 없어서 만나지 못하고 돌아온 데에서 비롯된 말이다. 이 속담에서처럼 장이 서는 장날이면 사람들은 곡식이나 가축들을 팔기 위해, 필요한 물건이나 먹거리를 사기 위해, 아니면 장날의 분위기를 즐기기 위해 모두들 장으로 나갔다. 장의 모습은 고려 시대부터 갖춰지기는 했으나 정기적[3]인 형태를 갖추기 시작한 것은 조선시대부터였다. 대체로 장은 5일에 한 번 서기 때문에 오일장이라고 부르게 되었다. 오일장이 본격적[4]으로 열린 것은 조선시대 후반부터이다. 예부터 자급자족[5]을 하다가 조선시대에 와서 물자를 서로 교환하고 판매하게 되었고 조선 후기부터는 오일장이 정기적으로 열려야 할 정도로 경제가 발전하여 오일장이 정착하게[6] 되었다.

이러한 오일장을 보통 1·6장, 2·7장, 3·8장, 4·9장, 5·10장이라고 부른다. 여기서 숫자는 장이 서는 날짜를 말하는데 1·6장의 경우 1일, 6일, 11일, 16일, 21일, 26일에 장이 선다. 이와 같이 날짜의 끝자리가 같은 날에 장을 열었다. 그날에 맞추어 물건을 파는 장꾼들은 장을 따라다니고, 물건을 사는 사람들도 장을 보러 간다.

오일장이 시장이라고 해서 그곳에서 경제 활동만 이루어졌던 것은 아니다. 오일장은 다양한 역할을 했다. 첫째, 정보를 교환하는 공간으로 활용되었다. 장터를 중심으로 여러 마을 사람들이 모이기도 했고, 장터를 돌며 장사를 하는 장꾼들이 모이면서 다양한 정보를 자연스럽게 교환했다. 둘째, 마을과 마을을 연결시켜 주는 다리 역할을 하기도 했다. 교통이 발달하지 못했던 당시에는 마을을 오가는 일이 거의 없었다. 그러나 여러 마을 사람들이 장터로 모이면 장터가 서로 교류하는 장이 되었다. 셋째, 다양한 공연 예술이 꽃피는 마당이 되기도 했다. 장터에 가면 전국을 떠돌며 공연을 했던 남사당패[7]의 공연도 볼 수 있었다. 넷째, 사람들이 모이는 장터는

1) 겹치다 여러 가지 일이 한꺼번에 생기다.
2) 하필 왜 꼭 그렇게.
3) 정기적 정해진 시기에 맞추어 일이 일어나는.
4) 본격적 제대로의 형식을 완전히 갖춘.
5) 자급자족 자기가 필요한 것을 자기가 만들어 씀.
6) 정착하다 자리를 잡다.
7) 남사당패 여러 사람이 함께 떠돌아다니면서 소리나 춤을 공연하던 남자들.

민란[8]의 발생지[9]가 되기도 했는데, 3·1 운동 때 류관순 열사[10]가 손수 그린 태극기를 나눠 주고 만세를 불렀던 곳도 아우내 장터였다.

오일장은 이처럼 다양한 역할을 하며 선조들의 삶에서 중요한 위치를 차지했다. 그러나 상설장이 확대되면서 오일장의 명맥[11]이 끊어지게 되었고 최근엔 대형 마트와 슈퍼마켓의 등장으로 재래시장의 모습도 점점 활기를 잃어가고 있다. 그러나 오늘날 대형 아파트 단지 안에는 일주일에 한 번 칠일장이 서기도 하는데 일주일을 단위로 생활하는 현대인의 생활 주기에 맞춰 오일장의 전통을 되살린 것이라고 할 수 있겠다. 또 대표적인 오일장인 강원도 정선의 오일장이라든지 서울 근교의 성남 모란장 등은 현대인의 향수를 불러일으키고 따뜻한 인심을 느끼게 해 주는 관광 상품으로 그 명맥을 이어가고 있다.

---

8) 민란 관리의 횡포에 대항하여 국민들이 일으킨 폭동이나 소란.
9) 발생지 어떤 일이나 사물이 생겨난 곳.
10) 열사 나라가 어려울 때 나라를 지키기 위해 목숨을 바쳐 싸운 사람.
11) 명맥 어떤 일을 계속하는 데에 필요한 중요 부분.

어휘 연습

1. 다음 어휘에 맞는 의미를 연결하십시오.

1) 장날 •	• 장이 열리는 곳
2) 장터 •	• 장이 열리는 날
3) 장꾼 •	• 날마다 열리는 장
4) 상설장 •	• 전통적인 모습의 장
5) 재래시장 •	• 장에서 물건을 파는 사람

2. 빈칸에 알맞은 어휘를 쓰십시오.

[보기]
손수 하필 대체로 본격적으로

1) 추석 때마다 어머니께서 .... 만들어 주신 송편을 먹는다.

2) 이번 학기부터 외국어 공부를 .... 으로 시작해 볼까 한다.

3) 일기 예보에 의하면 내일 날씨는 .... 맑을 것이라고 한다.

4) .... 오늘처럼 비가 오는 날 김장을 하시는지 어머니를 이해할 수 없다.

3. 밑줄 친 '장'의 의미가 다른 하나를 고르십시오. (　　　)

❶ 시청 광장이 공연 예술의 장이 되었다.

❷ 장이 서는 날이면 사람들은 모두 장터로 나갔다.

❸ 오늘날과 같은 장이 정착된 것은 조선시대 후기부터이다.

❹ 주말이면 대형 마트가 장을 보러 온 사람들로 붐빈다.

내용 이해

1. 이 글의 내용에 맞게 다음 제목을 순서대로 쓰십시오.

[보기]
가. 오일장의 역할　　나. 오일장의 유래와 역사
다. 오늘날 오일장의 모습　　라. 오일장 계산 방법

(　　　) → (　　　) → (　　　) → (　　　)

2. 오일장의 다양한 역할을 쓰고 그 예를 연결하십시오.

1) 정보를 교환하는 공간으로 활용되었다. •　　• 3·1 운동이 발생함
2) .... •　　• 남사당패 공연을 볼 수 있음
3) .... •　　• 다른 마을 사람과 인사를 나눔
4) .... •　　• 농사에 대한 지식을 얻을 수 있음

3. 이 글에서 나타난 경제구조의 변화를 순서대로 쓰십시오.

[보기]
가. 오일장의 정착　　나. 자급자족　　다. 물자 교환

(　　　) → (　　　) → (　　　)

4. 다음 표를 완성하십시오.

원인	결과
	오일장의 명맥이 끊어짐
	재래시장이 활기를 잃어감

5. 이 글의 내용과 같으면 O, 다르면 X 하십시오.

1) 오일장이 시작된 것은 조선시대 초반부터이다. (　　)
2) 오일장에서는 따뜻한 인심을 느낄 수 있다. (　　)
3) 오늘날 아파트 단지에서도 현대인의 생활에 맞추어 장이 서고 있다. (　　)

더 생각해 봅시다

▪ 여러분 나라의 유명한 시장을 조사해서 발표해 보십시오.

나라	시장 이름	특징
한국	서울 제기동의 경동시장	다양한 한약재를 사고 판다.

03 음식 속에 담긴 의미

• 여러분 나라에서 생일이나 명절에 어떤 음식을 먹습니까?

• 기원이나 의미를 알고 있는 특별한 음식이 있습니까?

우리는 보통 음식을 먹으면서 그 음식에 어떤 의미가 담겨 있는지는 잘 생각하지 않는 것 같다. 그런데 음식에 관한 책들을 읽다 보면 우리 조상들이 특별한 의미를 담아 음식을 만들어 먹었다는 것을 알 수 있다. 특히 음식의 색이나 숫자와 관련된 의미는 정말 흥미롭다.

먼저 떡의 색깔에 담긴 의미를 살펴보자. 한국인이 즐기는 대표적인 떡으로는 백설기나 팥 시루떡, 무지개떡이 있다. 흰색의 백설기는 한국인들이 아주 오래 전부터 태양을 숭배했다는[1] 것을 보여준다. 흰색이 밝은 태양을 상징하기 때문이다. 팥 시루떡은 귀신을 쫓는 역할을 했다. 옛날 사람들은 귀신이 붉은 색을 싫어한다고 믿었기 때문이다. 그리고 다섯 가지 색의 무지개떡에는 세상 만물[2]이 조화롭기를[3] 바라는 조상들의 마음이 표현되어 있다.

동짓날에 먹는 팥죽에도 특별한 뜻이 있다. 우리 조상들은 붉은 팥으로 끓인 죽을 먹으면 나쁜 귀신을 물리치고[4] 가정의 평안[5]을 지킬 수 있다고 믿었다. 붉은색에는 전염병[6]을 막는다는 의미도 담겨 있다. 그래서 사람들은 팥죽을 먹기 전에 조상을 모시는 사당[7]이나 부엌, 창고, 마당, 대문 등 집안 곳곳에 팥죽을 뿌렸다. 또한 동짓날에 팥죽을 나누어 먹으면 겨울을 건강하게 보낼 수 있다고 생각했다.

음식과 관련하여 숫자가 상징하는 의미도 있다. 우리 조상들은 특별한 날에 만든 떡은 가족끼리만 먹는 것이 아니라 이웃들과 나누어 먹어야 한다고 생각하여 명절이나 생일, 결혼식 날에 반드시 떡을 준비했다. 예를 들어 아이가 태어난 지 100일째 되는 날에는 백일 떡을 했는데 백일 떡은 백 집에 돌려야 아이가 건강하게 오래 살 수 있다고 믿었다.

예로부터 아홉이라는 숫자는 동양인에게 완전하고 충만하다[8]는 것을 상징하며 부와 행운을 나타내기도 한다. 한국에서는 대보름날에 아홉 가지 나물을 먹는 풍습이 있다. 한국에서 아홉은 모든 걱정을 이겨낸다는 의미를 가지고 있었다. 보름밥을 먹는

---

1) 숭배하다	우러러 공경하다.
2) 만물	세상에 있는 모든 물건.
3) 조화롭다	서로 잘 어울리다.
4) 물리치다	적이나 나쁜 것을 쳐서 물러가게 하거나 없애다.
5) 평안	걱정 없이 잘 있음.
6) 전염병	다른 사람에게 옮길 수 있는 병.
7) 사당	조상의 제사를 지내는 장소.
8) 충만하다	가득 차다.

것도 그해에 풍년[9]이 들어 굶지 않고 배부르게 잘 지낼 수 있기를 바라는 마음을 표현한 것이다. 또한 이날은 세 집 이상 성이 다른 집에서 지은 밥을 먹어야 그 해에 운이 좋다고 하여 하루 세 번 먹는 밥을 아홉 번 먹기도 했다. 혼례를 올릴 때는 폐백 음식으로 아홉 가지 음식을 담은 구절판을 마련했다. 구절판은 육류, 해조류[10], 견과류[11]의 특성과 모양을 살려 아홉 개의 나무 칸을 하나의 큰 그릇에 끼워[12] 넣어서 만든다. 노란색, 붉은색, 녹색, 흰색, 검정색의 음식이 골고루 들어 있는 구절판은 8칸에 나누어 넣은 재료를 가운데 칸에 있는 밀전병[13]에 싸 먹는다. 여기에는 서로 생각이 다른 사람들도 화합한다는[14] 상징적인 의미가 있어서 구절판은 오래 전부터 정치가들의 회식에서 빠지지 않는 음식이었다고 한다.

우리 조상들은 음식을 만들 때 그 음식의 풍부한 영양도 고려하였다. '약과 음식은 그 근원[15]이 같다'는 옛말처럼 조상들은 일상생활에서 날마다 먹는 음식을 매우 중요하게 여겼다. 우리가 먹는 음식으로 건강을 유지하고 질병을 치료할 수 있다는 것이다. 최근 연구 결과에 의하면 여러 가지 색깔의 음식을 먹으면 다양한 영양소[16]를 섭취할 수 있다고 한다. 이러한 연구 결과만 보아도 영양의 균형[17]까지 생각하여 만든 구절판이 얼마나 훌륭한 음식인지 확인할 수 있다. 다양한 재료가 들어가는 구절판이나 비빔밥과 같은 음식을 보면 우리 조상들이 색이나 숫자뿐만 아니라 영양까지 생각하여 음식을 해 먹었다는 것을 알게 된다.

9) **풍년** 농사가 잘 된 해.
10) **해조류** 김 · 미역 · 다시마와 같이 바다에서 나는 식물 종류.
11) **견과류** 밤 · 호두 · 땅콩과 같이 껍질이 단단하고 열매가 익어도 벌어지지 않는 과실 종류.
12) **끼우다** 어떤 물건을 벌어진 틈 사이에 들어가게 하다.
13) **밀전병** 밀가루 반죽을 넓고 둥글게 하여 프라이팬에 익혀서 만든 떡.
14) **화합하다** 힘을 합하다.
15) **근원** 사물이 생겨나는 본바탕.
16) **영양소** 탄수화물 · 지방 · 단백질 · 비타민 등 에너지를 제공해 주는 영양이 있는 물질.
17) **균형** 어느 한쪽으로 치우치지 않고 고름.

어휘 연습

1. 빈칸에 알맞은 어휘를 쓰십시오.

[보기]
고려하다 상징하다 숭배하다 화합하다

1) 서양에서는 7이 행운을 .... 는/은/ㄴ 숫자라고 생각하는데 동양에서는 3을 행운의 숫자로 생각한다.

2) 우리 집에 오시는 손님이 위가 안 좋다는 것을 .... 어서/아서/여서 음식을 준비할 때 맵고 짠 음식은 뺐다.

3) 고대사회에서는 태양이나 호랑이, 코끼리와 같은 동물을 .... 는/은/ㄴ 민간신앙이 존재했다.

4) 조선시대에 어느 왕은 정치적인 생각이 다른 사람들에게 서로 .... 으라는/라는 뜻으로 '탕평채'라는 음식을 만들어 내놓았다.

2. 빈칸에 알맞은 어휘를 골라 쓰십시오.

[보기]
귀신 떡 살림 선물 신문 유혹 자리 적 집

1)	.... 을/를 돌리다
2)	.... 을/를 마련하다
3)	.... 을/를 물리치다

3. 서로 관계있는 것끼리 연결하십시오.

1) 해조류 • • 보리, 쌀, 콩, 팥
2) 견과류 • • 밤, 은행, 잣, 호두
3) 육류 • • 김, 다시마, 미역, 파래
4) 곡류 • • 닭고기, 돼지고기, 쇠고기, 양고기

내용 이해

1. 이 글의 중심 내용을 모두 고르십시오. (　　　,　　　)

❶ 우리 조상들은 특별한 의미를 담아 음식을 만들어 먹었다.

❷ 우리 조상들은 약과 음식은 그 근원이 같다고 생각하면서 음식을 먹었다.

❸ 우리 조상들은 색이나 숫자뿐만 아니라 영양까지 생각하여 음식을 해 먹었다.

❹ 우리 조상들은 특별한 날에 만든 떡은 이웃들과 나누어 먹어야 한다고 생각했다.

2. 다음은 색깔에 특별한 의미가 담겨 있는 음식입니다. 연결하십시오.

1) 백설기 •	• 붉은색 •	• 태양을 숭배한다.
2) 무지개떡 •	• 흰색 •	• 나쁜 귀신을 물리친다.
3) 팥죽 •	• 다섯 가지 색 •	• 세상 만물이 조화롭기를 바란다.

3. 다음은 숫자에 특별한 의미가 담겨 있는 음식입니다. 표를 완성하십시오.

음식 이름	숫자	음식에 담겨 있는 주된 의미
백일 떡		
대보름날 나물		
구절판		

4. 구절판에 들어가는 음식의 종류 세 가지를 찾아 쓰십시오.

5. 이 글의 내용과 같으면 O, 다르면 X 하십시오.

1) 한국에는 옛날부터 팥죽을 마을 곳곳에 뿌리는 전통이 있다. (　　)

2) 우리 조상들은 생일이나 명절이 되면 떡을 꼭 해 먹었다. (　　)

3) 우리 조상들은 영양을 생각하여 구절판에 다양한 재료를 사용했다. (　　)

더 생각해 봅시다

- 여러분 나라의 음식 중에서 특별한 의미가 담겨 있는 음식이 있으면 소개해 봅시다.

음식 이름	음식에 담겨 있는 의미
한국의 엿이나 찹쌀떡	입학시험이나 입사시험에서 합격하기를 바라는 마음

제8과 생활과 경제

01 공정무역이란 무엇일까?

02 알뜰족

03 탄소 발자국

01 공정무역이란 무엇일까?

• 여러분은 '공정무역'이라는 말을 들어본 적이 있습니까?

• 생산자와 소비자에게 모두 이익이 되는 경제활동은 어떤 것이 있을까요?

우리가 커피 전문점[1]에서 마시는 커피 한 잔 값이 커피를 생산하는 현지[2] 농가[3]에는 얼마나 돌아갈까? 보통 3~5천 원인 커피 한 잔 가격에서 커피 생산지에 돌아가는 수익은 겨우 0.5% 정도밖에 되지 않는다고 한다. 세계 커피 시장의 규모[4]는 점점 커지고 있지만 커피 생산자의 수익은 오히려 줄고 있다. 이는 여러 단계의 유통과정을 거치면서[5] 커피 가격이 올라가기 때문이다. 대형 커피 전문점의 경우 보통 4~5단계의 유통과정을 거친다.

이와 같이 소비자의 부담은 커지고 생산자에게는 수익이 덜 돌아가는 유통[6] 문제를 개선하기 위해 노력하는 이들이 있다. 한국에는 네팔이나 동티모르에서 재배한 커피를 공정한[7] 가격에 수입하여 판매하는 커피 전문점이 있는가 하면 의류나 축구공, 초콜릿, 설탕, 올리브유를 판매하여 생산자에게 일정한 금액을 돌려주는 가게들도 있다.

이러한 거래방식을 공정무역이라고 부른다. 공정무역이란 생산자와 노동자가 더 많은 이익을 얻을 수 있도록 중간 유통과정을 줄이고 그들의 권리를 보장해 주는 무역을 말한다. 소비자들은 유통과정이 분명한 제품을 구입할 수 있고 공정무역을 통해 나오는 수익은 생산자의 교육과 노동자[8]의 자립[9]을 위해서도 쓰이기 때문에 공정무역은 소비자와 생산자 모두를 만족시킬 수 있다. 또한 상품의 질이 점차 좋아져서 상품에 대한 신뢰도도 높아지고 있다.

최근의 한 설문조사에서 한국인 성인 남녀 1,000명에게 공정무역에 대하여 들어본 적이 있는지를 물었다. 그 결과 86.6%가 '처음 들어 본다'고 응답하였고 0.4%만이 '잘 알고 있다'고 대답하였다. 그러나 공정무역 상품을 구매할 생각이 있느냐는 질문에 응답자의 65.1%가 '가격이 적당하다면 구매하겠다'고 대답한 것을 보면 공정무역에 대한 소비자들의 관심이 나날이 높아질 것으로 기대된다.

---

1) 전문점 특정 상품을 전문적으로 판매하는 가게.
2) 현지 어떤 일이 일어나는 곳.
3) 농가 농사를 지어 살아가는 가정.
4) 규모 건물이나 땅, 또는 일의 크기
5) 거치다 과정을 밟다. 경유하다.
6) 유통 상품이 생산자와 상인, 소비자 사이에서 거래되는 것.
7) 공정하다 공평하고 올바르다.
8) 노동자 노동력을 제공해서 얻은 돈으로 살아가는 사람.
9) 자립 다른 사람의 도움 없이 혼자 스스로 섬.

사람들의 적극적인 참여가 늘면서 공정무역이 새로운 소비문화로 자리를 잡아 가고 있으나 이러한 소비방식이 한국에서는 시작 단계에 있기 때문에 주의가 필요하다. 기존의[10] 친환경 상품들이 마치 공정무역 상품인 것처럼 과대[11] 포장이 되어 팔리는 경우가 있고, 대기업들이 공정무역을 상업적으로 이용할 가능성도 있다. 그러므로 우리는 공정무역을 실천하는 기업의 제품을 제대로 선별하여[12] 바람직한 소비를 할 수 있어야 한다.

---

10) 기존 이미 있음.
11) 과대 너무 큼.
12) 선별하다 좋은 것을 가려서 따로 나누다.

어휘 연습

1. 관계있는 어휘를 연결하고 그 어휘를 사용하여 문장을 완성하십시오.

1)

❶ 상품 •	• 잡다
❷ 수익 •	• 거치다
❸ 자리 •	• 올리다
❹ 유통과정 •	• 개발하다

2)

❶ 지나치게 많은 단계의 .... 는 것은 비효율적이다.

❷ 전문적인 기술 없이 이민을 가면 그 사회에서 .... 기가 쉽지 않다.

❸ 경쟁 관계에 있는 기업들은 새로운 .... 는 데에 비용을 많이 투자한다.

❹ 모 연예인이 입은 청바지가 인기를 끌면서 청바지 회사가 큰 .... 었다/았다/였다고 한다.

2. 빈칸에 알맞은 어휘를 쓰십시오.

[보기]
개선하다 선별하다 응답하다 자립하다 재배하다

1) 저희는 질이 좋은 상품만을 .... 어서/아서/여서 판매합니다.

2) 일반적으로 취직해서 2~3년 후면 경제적으로 .... 을/ㄹ 수 있습니다.

3) 고객에 대한 서비스를 .... 기 위해 지난주에 고객 만족도 조사를 했습니다.

4) 조사 결과에 따르면 매일 아침식사를 한다고 .... 는/은/ㄴ 사람은 10% 정도였습니다.

5) 제주도에서는 농가의 수익을 위해 애플 망고와 같은 열대과일도 .... 는다고/ㄴ다고 합니다.

3. 두 어휘의 관계가 보기와 다른 것을 고르십시오. (　　　)

[보기]
이익 – 손해

❶ 판매 – 구입　　❷ 질문 – 응답

❸ 생산자 – 노동자　　❹ 대기업 – 중소기업

내용 이해

1. 이 글의 내용에 맞게 다음 제목을 순서대로 쓰십시오.

[보기]
가. 한국에서의 공정무역
나. 공정무역의 의미와 장점
다. 공정무역을 실천할 때의 주의할 점
라. 공정무역 상품 구매에 대한 조사 결과
마. 대형 커피 전문점의 커피 유통 방식

(　　) → (　　) → (　　) → (　　) → (　　)

2. 공정무역의 뜻을 찾아 쓰십시오.

3. 공정무역이 소비자와 생산자, 노동자를 모두 만족시키는 이유는 무엇입니까?

소비자	
생산자, 노동자	

4. 한국에서 공정무역을 할 때 생길 수 있는 문제점을 찾아 쓰십시오.

5. 이 글의 내용과 같으면 O, 다르면 X 하십시오.

1) 한국에서 공정무역으로 주로 거래하는 상품에는 식품과 의류 등이 있다. (　　)
2) 한국인들은 가격과 관계없이 공정무역 상품을 구매하겠다고 대답했다. (　　)
3) 한국에서 공정무역은 오래 전부터 시작되어 지금은 자리를 잡았다. (　　)

더 생각해 봅시다

• 생산자와 소비자에게 모두 이익이 되는 방법으로 물건을 사고파는 경우를 본 일이 있습니까? 어디에서 어떤 방법으로 하는지 생각해 봅시다.

나라	방법	생산자 역할	소비자 역할	장점	단점
한국	아파트 직거래 장터	광고를 하지 않고 판매한다.	직거래로 상품을 구입한다.	직거래라서 생산자와 소비자 모두가 이익을 볼 수 있다.	상품의 종류가 제한되어 있다.

YONSEI KOREAN READING 4

02 알뜰족

• 쿠폰을 이용해 물건을 사거나 식당을 이용해 본 적이 있습니까?

• 여러분은 어떻게 절약하면서 소비 생활을 하고 있는지 이야기해 보십시오.

사람들은 나를 짠돌이[1]라고 부른다. 깍쟁이[2]라고 부르기도 한다. 돈을 잘 쓰지 않고 지나치게[3] 아낀다며 다들 나를 그렇게 부르는데 나는 그 말이 듣기 싫지만은 않다. 최근에는 쓸데없이[4] 돈을 낭비하지 않고 미래를 위해 투자할 건 투자하는 나 같은 사람이 점점 늘고 있다. 알뜰하게 생활한다고 해서 나처럼 절약하는 사람들을 알뜰족이라고 부른다.

나는 아낄 수 있는 곳에는 철저히[5] 아낀다는 원칙을 가지고 소비를 한다. 그러기 위해서 다음과 같은 방법을 이용한다. 첫째, 쿠폰이나 할인 카드를 활용한다. 생일이나 특별한 날 패밀리 레스토랑을 찾기 전에 할인 쿠폰과 할인 카드를 챙긴다. 적게는 10%, 많게는 30%까지 저렴한[6] 가격에 식사를 할 수 있다. 게다가 무료로 제공되는 빵은 두세 번 정도 리필해 먹을 수 있고, 음료는 한두 잔만 시켜 리필해 마시면 실제로 계산하는 돈은 얼마 되지 않는다. 그래서 사람들은 우리를 쿠폰족, 리필족이라 부른다. 둘째, 신용카드의 혜택을 다양하게 누린다. 알뜰족이라고 해서 꼭 하나의 카드만 사용할 필요는 없다. 카드사마다 특별한 혜택이 있는 카드를 내놓는데 그 혜택이 각각 다르다. 그러므로 혜택을 받을 수 있는 최저 금액만큼만 사용하고 카드의 혜택은 모두 누리는 것이다. 이렇게 다양한 카드를 사용하면 커피 전문점이나 식당 할인, 놀이공원 무료입장, 휴대전화 요금 할인, 주유비 적립 등 다양한 혜택으로 돈을 절약할 수 있다. 셋째, 가계부를 쓴다. 나도 처음에는 익숙하지 않아서 가계부를 쓰는 것을 잊어버리거나 귀찮아했는데 지속해서 쓰면서 여러 가지 장점을 발견하게 되었다. 가계부에 수입과 지출 내역을 꼼꼼하게 기록하게 되면 계획적이고 균형 있는 지출이 가능해진다. 가계부를 쓴다는 것은 단순히 수입, 지출 내역만 쓰는 것이 아니다. 인터넷 가계부를 이용할 경우 사람들의 생일이나 취향을 기록할 수 있어서 인맥[7]관리도 되고, 일기장으로도 이용할 수 있어서 일석이조 아니 '일석삼사조'이다. 그 뿐만 아니라 인터넷 가계부는 은행 계좌의 입출금 내역이 자동으로 입력되는 만큼 더 편리하게 가계부를 쓸 수 있게 해 준다. 요즘 알뜰족들은

---

1) 짠돌이 구두쇠처럼 인색한 사람을 비유하는 말.
2) 깍쟁이 인색하고 이기적인 사람.
3) 지나치다 정도가 심하다.
4) 쓸데없다 필요없다.
5) 철저하다 빈틈이 없다.
6) 저렴하다 값이 싸다.
7) 인맥 사람들 사이의 유대 관계.

자동차 이용에 관계된 차계부, 카드 이용 요금을 쓰는 카계부 등도 함께 쓰면서 현명하게[8] 소비 생활을 한다. 그 외에도 필요한 것은 재활용품을 이용하고 책은 친구들과 돌려 보는 등 다양한 방법으로 알뜰한 생활을 하고 있다.

내가 이렇게 아껴 쓴다고 해서 소비 자체를 싫어하는 것은 아니다. 다만 아낄 수 있는 부분을 철저하게 아껴서 내가 정말 좋아하는 일에 과감하게[9] 투자한다. 최근엔 사진 찍기에 취미를 붙여 카메라에 관심이 많이 생겼다. 취미로 사진 공부를 시작한 이후 더 좋은 사진을 찍기 위해 전문가들이 사용하는 렌즈를 구입하기도 하고 카메라 가방 등을 구입하기도 한다. 물론 인터넷으로 사용 후기나 구입 방법을 자세히 검색해 보고 신중하게 구입한다. 신입 사원인 내 월급으로 이 모든 것을 구입하기는 힘드니까 절약할 수 있는 곳에서 최대한 절약해 내 취미생활을 하는 것이다. 불필요한 소비를 줄이고 투자하고 싶은 곳에 과감히 투자하는 이런 나의 소비 생활이 무조건 아끼기만 하는 사람들이나 값비싼 브랜드의 명품만을 선호하는 명품족에 비해 더 합리적[10]이고 실용적이라고 나는 생각한다.

---

8) **현명하다** 지혜롭다.
9) **과감하다** 일을 분명하게 결정하고 용감하다.
10) **합리적** 관습을 따르지 않고 이치에 맞는.

어휘 연습

1. 의미가 비슷한 것끼리 연결하십시오.

1) 쿠폰족 •	• 아껴 쓰는 생활을 하는 사람들
2) 리필족 •	• 고가의 유명 제품을 선호하는 사람들
3) 명품족 •	• 할인이나 무료 서비스를 받을 수 있는 표를 이용해 싸게 물건을 구입하거나 음식을 먹는 사람들
4) 알뜰족 •	• 패밀리 레스토랑 같은 곳에서 서비스 음식을 여러 번 달라고 하거나 음료를 계속 다시 채워 달라고 하는 사람들

2. 빈칸에 알맞은 어휘를 쓰십시오.

[보기]
과감하다 신중하다 합리적이다 철저하다

1) 그 사람은 시간 관리를 ....게 하는 사람이다.

2) 그렇게 중요한 일은 잘 생각해 보고 ....게 결정해야 합니다.

3) 질이 좋은 제품을 적당한 가격에 구입하는 ....인/ㄴ 소비생활이 필요하다.

4) 현대사회에 잘 적응하기 위해서는 새로운 변화를 망설이지 말고 ....게 받아들여야 한다.

3. 두 어휘의 관계가 보기와 같은 것을 고르십시오. (　　　)

[보기]
지속하다 – 중단하다

❶ 저렴하다 – 싸다

❷ 지나치다 – 심하다

❸ 쓸데없다 – 소용없다

❹ 절약하다 – 낭비하다

내용 이해

1. 이 글의 내용과 같은 것을 고르십시오. (　　　)

❶ 가계부는 수입, 지출 내역만 기록하는 것이다.

❷ 절약하는 생활을 위해 신용카드는 가능하면 하나만 사용한다.

❸ 취미생활을 위해서는 최소한의 돈만 쓰는 것을 원칙으로 한다.

❹ 나는 쓸데없는 돈 낭비는 하지 않지만 필요한 곳에는 투자한다.

2. 글쓴이의 별명은 무엇이고 왜 그런 별명이 생겼습니까?

1) 별명 : ....

2) 이유 : ....

3. 다음 표를 완성하십시오.

알뜰족의 절약 방법	장 점
1) 쿠폰이나 할인카드를 활용한다.	
2)	
3)	

4. 인터넷 가계부의 기능이 아닌 것을 고르십시오. (　　　)

❶ 인맥관리　　❷ 할인 혜택

❸ 입출금 관리　　❹ 계획적인 지출

5. 나에 대한 설명으로 맞으면 O, 틀리면 X 하십시오.

1) 나는 짠돌이라는 별명에 불만이 없다. (　　　)

2) 비싼 물건은 무조건 구입하지 않는다. (　　　)

3) 돈 쓰는 것 자체를 싫어해서 돈을 아껴 쓴다. (　　　)

더 생각해 봅시다

• 사람들의 성향을 표현하는 새로운 말들이 생기고 있습니다. 그 사람들을 'OO족'이라고 하는데 다음 단어들은 어떤 성향의 사람들을 표현하는 말인지 생각해 봅시다.

용어	의미
웰빙족	
캥거루족	
나홀로족	

03 탄소 발자국

탄소발자국 발생량	
컴퓨터 100시간 사용했을 때	9,000g
휴대전화를 1년 사용했을 때	112,000g
기존 형광등을 1000시간 사용했을 때	340,000g
과자 1봉지를 생산했을 때	250g
A4 용지 1권(250장)을 생산했을 때	720g
밀가루를 1톤 생산했을 때	49,000g
휴대전화를 1대 생산했을 때	60,000g
컴퓨터를 1대 생산했을 때	27,5000g

• '탄소 발자국'은 무슨 뜻일까요?

• 여러분은 환경에 미치는 영향을 생각하면서 물건을 구입합니까?

CD: 24

나는 얼마 전 텔레비전에서 '탄소 발자국'과 관련된 다큐멘터리를 보고 나서 내가 일상생활에서 배출하는[1] 이산화탄소[2]는 얼마나 될지 궁금해졌다. 이러한 궁금증과 함께 내 자신이 지구 온난화[3]에 얼마나 영향을 주고 있는지, 이산화탄소량을 어느 정도 줄일 수 있을지에 대해서도 생각하게 되었다.

'탄소 발자국'이란 '사람이나 동물이 활동하면서 발생하는[4] 이산화탄소의 흔적[5]'을 의미한다. 2006년 영국에서 처음 사용한 이 용어는 우리가 소비하는 제품에서 이산화탄소가 얼마나 발생하는지를 나타낸다. 즉 제품에 표시된 탄소 발자국의 수가 많을수록 그 제품을 생산하고 사용하는 과정에서 많은 이산화탄소가 발생한다는 것을 의미한다.

그렇다면 우리는 일상생활에서 탄소 발자국을 얼마나 남길까? 한국인 한 명이 1년에 3톤(ton) 가량의 탄소 발자국을 남긴다. 한 통계에 따르면 우리가 교통수단을 이용할 때 발생하는 이산화탄소량이 전체의 1/4에 이른다고 한다. 서울시내에서 25km를 출퇴근할 경우, 승용차는 1인 평균[6] 4.875kg, 버스는 0.39kg, 지하철은 0.0096kg의 탄소 발자국을 발생시킨다.

그동안 나는 환경을 위해 어떤 노력을 해야겠다고 생각한 적이 별로 없었다. 그런데 이 놀라운 사실을 알게 된 후에 '탄소 발자국'을 줄이기 위해 일상생활에서 실천할[7] 수 있는 일들을 수첩에 적어 보았다. 먼저 버스로 집에서 15분 거리에 있는 직장에 출퇴근할 때는 자전거를 타기로 했다. 운동할 시간이 항상 부족했는데 나 같은 사람에게 자전거 타기만큼 건강에 좋은 운동이 없다고 생각한다. 또 보통 지방 출장을 갈 때 비행기를 자주 이용하는데 급한 상황이 아니라면 비행기 대신 고속열차나 고속버스를 이용할 생각이다.

그리고 편하다는 이유로 직장에서 일회용 종이컵을 하루에 서너 개씩 사용하고 아무 생각 없이 버렸는데 개인 컵을 마련하여 사용하면 좋을 것 같다. 게다가 아침과

---

1) 배출하다 　가스나 쓰레기 등을 밖으로 밀어서 내보내다.
2) 이산화탄소 　탄소와 산소의 화합물로 탄소를 완전히 태우면 생기는 무색의 기체 (CO_2).
3) 지구 온난화 　화석 연료를 많이 사용하여 이산화탄소 · 메탄가스 · 프레온가스가 증가하고 지구의 평균 기온이 올라가는 현상.
4) 발생하다 　생기다.
5) 흔적 　뒤에 남은 자취와 자국.
6) 평균 　몇 개의 수를 합친 것을 그 개수로 나누어 얻은 중간값.
7) 실천하다 　계획한 것을 실제로 하다.

저녁에 샤워를 하면서 20분 이상 물을 틀어 놓는 일이 많았는데 이제는 필요할 때만 잠깐 틀고 잠가서 물 사용량을 줄일 것이다.

날마다 사용하는 컴퓨터나 텔레비전은 귀찮다는 이유로 신경을 쓰지 않았는데 과도한 전력 소모[8]를 막기 위해 출근이나 외출 전에 전자제품의 플러그도 꼭 뽑아야겠다. 전력[9] 소비가 적은 전구[10]를 구입해 사용하는 것도 좋을 것이다. 이런 전구를 쓰면 실제로 전기요금을 1/3 정도 덜 내게 된다고 한다.

탄소 발자국의 수를 줄이는 것은 우리가 어떻게 생활하느냐에 달려 있다. 예를 들어 일상생활에서 불필요한 에너지를 사용하지 않는 것, 재사용이나 재활용을 하는 것, 이산화탄소 발생을 줄이기 위해 노력하는 회사의 제품을 구입하는 것 등이 있다. 더 많은 사람들에게 탄소 발자국에 대해서 알리는 것도 내가 어렵지 않게 할 수 있는 일이다.

직장 동료의 생일이 곧 다가온다. 탄소 발자국에 대해 알리는 동시에 그 친구가 기분 좋아질 일을 지금 막 떠올려[11] 봤다. 작년에는 화장품과 향수를 선물했는데 이번 생일에는 예쁜 머그컵을 사 주어야겠다. 물론 선물 포장도 간단하게 할 생각이다.

---

8) **소모** 사용하여 없앰.
9) **전력** 전기력, 단위 시간에 사용되는 전기 에너지의 힘과 양.
10) **전구** 전기로 빛을 내어 밝게 하는 둥근 유리 기구.
11) **떠올리다** 생각나게 하다.

어휘 연습

1. 빈칸에 알맞은 어휘를 쓰십시오.

[보기]
떠올리다　　발생하다　　실천하다　　절약하다　　줄이다

도시마다 교통량이 많아지면서 자동차 매연으로 인해 ....는/은/ㄴ 이산화탄소량이 증가하였다. 서울시에서는 자동차 요일제 운행 제도를 마련하여 자동차 이산화탄소량을 ....으려는/려는 노력을 하고 있다. 이러한 노력은 이산화탄소를 감소시킬 뿐만 아니라 시민들이 에너지를 ....게 하는 효과도 있다. 요일제를 ....는/은/ㄴ 시민들에게는 주차비 감면과 같은 혜택을 주어야 한다. 예를 들어 자신의 차가 운행을 쉬는 요일이 언제인지 잘 ....을/ㄹ 수 있도록 문자 알림 서비스로 알려 준다면 더 많은 시민들이 자동차 요일제에 적극적으로 참여할 것이다.

2. 빈칸에 알맞은 어휘를 골라 쓰십시오.

[보기]
귀신　떡　살림　선물　신문　유혹　자리　적　집

1)	............을/를 빼다
2)	............을/를 뽑다
3)	............을/를 배출하다

3. 다음을 읽어 보십시오.

[보기]
t(톤)　　%(퍼센트)　　cm(센티미터)　　kg(킬로그램)　　km(킬로미터)

1) 0.6t (　　　　　　)　　2) 27.5kg (　　　　　　)
3) 83% (　　　　　　)　　4) 114cm (　　　　　　)
5) 42.195km (　　　　　　)

내용 이해

1. 이 글의 내용이 아닌 것을 고르십시오. (　　　)

❶ 탄소 발자국이 어떤 뜻인지 설명하고 있다.

❷ 탄소 발자국을 줄일 수 있는 방법에 대해서 알려 주고 있다.

❸ 글쓴이 자신이 발생시키는 탄소 발자국의 양을 밝히고 있다.

❹ 글쓴이가 어떻게 탄소 발자국을 알게 되었는지 말하고 있다.

2. 이 글을 읽고 빈칸을 완성하십시오.

1) 탄소 발자국은 이산화탄소의 .... 을/를 뜻한다.

2) 탄소 발자국이라는 말은 .... 에서 처음 사용했다.

3) 탄소 발자국이 많이 남을수록 .... 은/는 더 심해진다.

4) 한국에서 .... 으로/로 인해 발생하는 이산화탄소량은 전체의 25%이다.

3. 글쓴이가 '탄소 발자국'을 줄이기 위해 일상생활에서 실천하려는 계획을 이 글에서 찾아 쓰십시오.

과거	미래
지방 출장을 갈 때 비행기를 자주 이용했다.	고속열차나 고속버스를 이용하겠다.
샤워를 하면서 20분 이상 물을 틀어 놓았다.	
일회용 종이컵을 하루에 서너 개씩 사용했다.	
날마다 사용하는 컴퓨터나 텔레비전은 귀찮다는 이유로 신경을 쓰지 않았다.	

4. 글쓴이가 사람들에게 탄소 발자국에 대해서 알리기 위해 생각한 예가 무엇인지 쓰십시오.

5. 글쓴이에 대한 설명으로 맞으면 O, 틀리면 X 하십시오.

1) 이 사람의 직업은 환경운동가이기 때문에 환경에 관심이 많다. ( )

2) 일상생활에서 탄소 발자국을 줄이기 위해 할 수 있는 일은 많지 않다. ( )

3) 건강도 지킬 겸 환경도 보호할 겸 자전거를 타고 출퇴근하기로 했다. ( )

더 생각해 봅시다

- 여러분의 친환경 소비 지수를 알아보기 위한 것입니다.
  다음 질문에 대답하고 그 결과에 대하여 친구들과 함께 이야기해 봅시다.

질문	네	아니요
1. 물건을 살 때 보통 포장을 안 합니까?		
2. 원료의 원산지와 특성을 확인합니까?		
3. 제품에 대한 설명을 꼼꼼하게 읽어 봅니까?		
4. 음식은 되도록 소량으로 구입합니까?		
5. 유통기한이 짧아서 단기간 보관할 수 있게 만든 식품이 좋습니까?		
6. 식품 첨가물이 몇 가지 들어 있고 어떤 첨가물이 들어 있는지 확인합니까?		
7. 제품을 구매할 때 제품을 만든 회사의 사회적 활동을 살펴본 후에 구매를 결정합니까?		
8. 식품을 구입하기 전에 꼭 확인하는 마크가 하나 이상 있습니까?		
9. 식품에 대한 정보를 제공하는 홈페이지에 방문한 적이 있습니까?		
10. 화려하고 예쁜 색으로 포장이 된 제품이 꼭 좋은 것은 아니라고 생각합니까?		

〈'네' 응답 개수〉
7~10개 : 환경보호를 실천하고 계시는군요.
4~6개 : 환경보호에 더 관심을 가져 주세요.
0~3개 : 환경을 파괴하는 생활을 하고 있군요! 반성하세요.

제9과 축제와 삶

01 축제란 무엇인가?

02 춘향제에 다녀와서

03 인제 빙어 축제

01 축제란 무엇인가?

• 여러분이 가 본 축제가 있습니까? 어땠습니까?

• 무엇을 위하여 사람들이 모여서 축제를 합니까?

'축제가 언제 어디에서 시작되었는가?'라는 문제에 관한 답을 제시하는 일은 쉽지 않다. 축제는 인간의 역사만큼이나 오래되었기 때문이다. 그러나 그 의미는 보통 다음과 같이 정의된다[1]. 축제는 축하하고 즐긴다는 의미의 '축(祝)'과 제사를 드린다는 의미의 '제(祭)'가 합쳐진 말이다. 신에게 소원을 빌고 함께 난장[2]을 벌임으로써 신을 기쁘게 해드림과 동시에 인간은 해방[3]과 일탈[4]의 기쁨을 누렸던 것이다. 순 우리말로 놀이, 굿, 잔치라고 풀어쓸 수 있는 축제에서는 경건하고[5] 진지한[6] 의식과 자유롭고 즐거운 해방의 의식이 겹쳐진다.

고대사회에서 축제는 신에게 드리는 제의로서 사람들이 신이나 조상에게 복을 빌고 중요한 사건, 중요한 생산물의 수확을 기념하는 연례의식이었다. 이 의식과 함께 인간은 감사와 기쁨을 보여 줄 수 있는 잔치를 벌임으로써 신을 즐겁게 해 줄 수 있다고 믿었다. 신을 위한 잔치였으나 사람들도 술과 춤과 노래에 취해 삶의 근심, 걱정에서 벗어나 현실을 잊을 수 있었다.

전통사회의 축제에서는 모든 신분과 위계질서[7]가 사라졌다. 그 시대의 풍속이나 높은 지위를 차지하고 있는 사람들을 풍자함으로써[8] 고단한[9] 삶을 살았던 서민들에게 축제는 일상이라는 한계를 뛰어넘는 일시적인 출구였으며, 모든 것이 허용되는[10] 해방의 시간이었다.

현대사회의 축제는 그 성격이 조금씩 달라지고 있다. 인간의 삶에서 신의 영향력이 약해지면서 전통적인 축제에서 중시했던 제사의 성격이 약해졌다. 반면 여유 있는 삶과 문화를 즐기려는 욕구가 커지면서 축제는 다른 기능을 가지게 된다. 축제는 일상에서 벗어나고자 하는 인간의 욕구를 만족시켜 주는 '행사'가 된 것이다.

한국에서 축제는 1995년 지방자치제도가 실시됨에 따라 폭발적으로 증가하게 된다. 문화체육관광부의 통계에 의하면 현재 한국에서는 1,200여 개의 지역 축제가

---

1) 정의하다 어떤 말이나 사물의 뜻을 분명하게 설명하다.
2) 난장 여러 사람이 마구 떠들어 어지러워진 모습.
3) 해방 구속이나 억압, 부담 등에서 벗어나는 것.
4) 일탈 어떤 조직, 사상, 사회적인 규범으로부터 벗어나는 것.
5) 경건하다 종교적 신앙심이 깊다. 엄숙하거나 조심스럽다.
6) 진지하다 태도나 행동이 참되고 성실하다.
7) 위계질서 상하 관계에 있는 사람들 간의 차례와 순서. 상하 질서.
8) 풍자하다 다른 것에 빗대어 재치 있게 비판하다.
9) 고단하다 피로하여 기운이 없다.
10) 허용되다 허락되다.

개최되고 있다. 이러한 지역 축제들은 관광 상품화를 통해 지역 발전의 도구로 인식된다[11]. 또한 지역 이미지를 개선하고 지역 정체성[12]을 형성하기 위한 목적으로 많은 지역 축제들이 열리고 있다. 그러나 축제의 본질은 전통사회에서나 현대사회에서나 동일하다. 일정한 '시간'과 '공간'에서 이루어지는 일상에서의 탈출인 것이다. 따라서 축제는 삶의 질을 최고의 가치로 인식하고 그것을 유지하고자 하는 현대인들에게 새로운 놀이 공간으로 자리 잡았다.

---

11) 인식되다 사물을 분별하고 판단하여 알게 되다.

12) 정체성 변하지 않는 존재의 본질.

어휘 연습

1. 다음 어휘에 맞는 의미를 연결하십시오.

1) 형성하다 •	• 똑같다
2) 동일하다 •	• 알기 쉽게 설명하다
3) 풀어쓰다 •	• 제 자리에 위치하다
4) 자리 잡다 •	• 어떤 구조나 조직을 이루다

2. 빈칸에 알맞은 어휘를 쓰십시오.

[보기]
진지하다　고단하다　인식하다　겹쳐지다　유지하다

1) 요즘 여러 지방에서는 축제가 지역사회 발전에 큰 역할을 하는 것으로 .... 고 있다.

2) 축제에서는 원래의 엄숙한 의식과 자유로움을 즐기는 두 가지 의미가 .... 어/아/여 있다.

3) 박물관 2층 전시실에서는 관람객들이 ....게 고려시대 도자기에 대한 설명을 듣고 있었다.

4) 제주도가 한국 최고의 관광지라는 평판을 계속 ....기 위해서는 무엇보다 아름다운 자연을 잘 보존하려는 노력이 필요하다.

5) 실제로 유학생활을 시작하는 첫 하루를 보내느라고 ....었는지/았는지/였는지 내 친구는 옆에서 무슨 소리가 나도 정신없이 잠을 자고 있었다.

3. 다음 어휘에 맞는 의미를 연결하십시오.

1) 행복 •	
	• 벌이다
2) 잔치 •	
3) 일상 •	
	• 누리다
4) 축제 •	
5) 장수 •	
	• 벗어나다
6) 걱정 •	

내용 이해

1. 이 글에서 설명한 내용이 아닌 것을 고르십시오. (　　　)

❶ 축제의 뜻

❷ 축제의 성격

❸ 축제의 변화

❹ 지역 축제의 내용

2. 고대사회의 축제의 기능을 모두 고르십시오. (　　　,　　　)

❶ 악마를 쫓는 의식

❷ 신에게 드리는 제사

❸ 사회 변화를 비는 의식

❹ 그 해의 수확을 기념하는 의식

3. 전통사회와 현대사회에서 축제의 공통적인 본질은 무엇입니까?

4. 현대 사회에서 축제의 성격이 달라진 것은 무엇 때문입니까?

1) ………………………………………이/가 약해졌다.

2) ……………………과/와 ……………………을/를 즐기려는 욕구가 증가했다.

5. 이 글의 내용과 같으면 O, 다르면 X 하십시오.

❶ 축제에는 놀이, 굿, 잔치의 의미가 담겨 있다. (　　　)

❷ 축제가 언제부터 시작되었는지는 정확히 밝혀지지 않았다. (　　　)

❸ 한국의 축제가 관광 상품화되면서 축제의 본질이 달라졌다. (　　　)

더 생각해 봅시다

- 여러분이 가 본 축제를 자세히 소개해 봅시다.

축제의 이름	
장소	
기간	
행사	
의미	

YONSEI KOREAN READING 4

02 춘향제에 다녀와서

• 여러분은 '춘향전'을 읽었거나 그 이야기에 대해서 들은 적이 있습니까?

• 여러분은 소설이나 영화에 나온 장소에 가 본 적이 있습니까?

CD: 26

한국에 유학을 온 지 벌써 1년이 지났다. 그동안 서울 근교로는 주말마다 놀러 가 봤지만 전라도나 경상도는 멀어서 여행을 간 적이 없다. 화창한 봄날 나는 한국 친구 두 명, 한국어학당 친구 한 명과 함께 전라도 남원으로 여행을 떠났다. 마침 남원에서는 '춘향제'가 열리고 있어서 한국 문화를 체험할 수 있었다.

한국 고전문학[1] 작품을 읽기에는 내 한국어 실력이 많이 부족하지만 조선시대를 배경으로 한 춘향전이 어떤 내용인지는 대충 알고 있다. 사또[2]의 아들인 이몽룡은 단옷날 그네를 타던 성춘향에게 첫눈에 반한다.[3] 두 사람은 광한루에서 만나 사랑에 빠진다. 양반[4] 아버지와 기생[5] 어머니 사이에서 태어난 춘향과 양반 집안의 아들인 몽룡은 신분 차이가 컸지만 영원한 사랑을 약속한다. 그러나 몽룡이 아버지를 따라 한양[6]으로 과거시험[7]을 보러 간 후, 춘향은 남원에 새로 부임한 사또 때문에 어려움을 겪는다. 이때 몽룡이 암행어사[8]가 되어 나타나 춘향과의 약속을 지킨다. 자세한 내용까지는 다 이해하지 못했지만 정말 아름다운 사랑 이야기라고 생각한다.

남원에서는 매년 5월 첫째 주에 '춘향제'가 열리는데 이 축제는 1931년에 시작되었다고 한다. 나는 먼저 조선시대 생활을 재현한 모습을 직접 볼 수 있는 광한루로 갔다. 광한루 동쪽에 있는 춘향사당에서 제사 지내는 광경을 구경한 후에 남원시민 수천 명이 참여하는 가장행렬을 볼 수 있었다. 그 행렬에서는 '감옥에 갇힌 춘향이'와 같은 춘향전의 여러 장면을 보여주었다. 가장행렬을 보고 나서 프랑스 칸 영화제에서 상을 받은 영화 '춘향뎐'의 촬영장에 들렀다. 직접 촬영 현장을 보니 이 영화를 꼭 봐야겠다는 생각이 들었다.

춘향제 기간에는 씨름 경기를 비롯하여 '춘향국악대회', '춘향선발대회' 등 다양한 행사가 열리는데 나는 그 중에서 '춘향선발[9]대회'를 관람하였다. 이 미인대회에는

---

1) 고전 문학 오랫동안 전해지면서 많은 사람들이 읽고 높이 평가하는 문학.
2) 사또 조선시대에 마을을 책임지고 다스리던 관리.
3) 반하다 어떤 사람이나 사물에 마음이 홀리다.
4) 양반 고려 · 조선 시대의 지배계층.
5) 기생 잔치나 술자리에서 노래나 춤으로 흥을 돋우는 여성.
6) 한양 대한민국의 수도인 서울의 옛 이름.
7) 과거시험 옛날에 관리를 뽑던 시험.
8) 암행어사 조선 시대에 왕의 특별한 명령을 받아 지방 관리의 일하는 태도나 백성의 어려움을 살펴서 개선하는 일을 하던 관리.
9) 선발 많은 사람 또는 물건 중에서 골라서 뽑음.

한복 차림이 잘 어울리고 한국 전통악기 연주, 판소리[10], 춤 실력 등이 뛰어난 여성들이 참가하여 아름다움을 겨룬다.[11] 전통놀이와 국악기 연주 체험, 춘향 그네뛰기와 같은 행사 이외에 몇 년 전부터는 다문화가족의 전통 혼례나 다양한 해외 공연도 볼 수 있다고 한다.

나는 1박 2일의 짧은 일정으로 여행을 했기 때문에 더 많은 것을 볼 수 없어서 정말 아쉬웠다. 무엇보다도 남원은 한국의 전통이 잘 보존되어[12] 있고 경치가 아름다운 곳이라는 것을 느꼈다. 남원이 영호남[13]을 연결하는 교통의 중심지라는 것도 이번에 처음 알게 되었다. 다음에 다시 가게 되면 남원에 있는 여러 유적지와 지리산에도 꼭 가고 싶다.

** 한국어를 배우는 어느 프랑스 학생의 글

---

10) 판소리 광대 한 사람이 고수의 북장단에 맞추어 노래를 하면서 이야기를 하는 민속 음악. 조선 후기 이후에 충청도와 전라도에서 발달하였고 판소리 열두 마당 중에서 춘향가, 심청가, 흥부가, 적벽가, 수궁가가 지금까지 전해짐.

11) 겨루다 서로 경쟁하여 승부를 다투다.

12) 보존되다 잘 보호하여 남겨지다.

13) 영호남 영남과 호남, 즉 경상도와 전라도를 함께 부르는 말.

어휘 연습

1. 빈칸에 알맞은 어휘를 쓰십시오.

[보기]
보존되다　　선발되다　　연결하다　　재현하다

1) 김철민 선수가 이번 올림픽의 한국 대표로 ....었다/았다/였다.

2) 그 영화는 1970년대 부산의 모습을 그대로 살려서 ....어/아/여 놓았다.

3) 백화점은 지하철역 2번 출구와 바로 ....어서/아서/여서 다니기가 편하다.

4) 그 지역의 전통문화를 잘 ....는/은/ㄴ 것이 지방 축제의 목적이라고 할 수 있다.

2. 빈칸에 알맞은 어휘를 쓰십시오.

[보기]
감옥　목소리　미모　미소　박람회　방　승강기　파티　행사

1)	...................에 갇히다
2)	...................에 반하다
3)	...................이/가 열리다

3. 서로 관계있는 것끼리 연결하십시오.

1) 가장행렬, 경기, 시합, 축제 •　　　　• 지역

2) 기생, 사또, 암행어사, 양반 •　　　　• 행사

3) 경기, 영남, 호남, 영동, 영서 •　　　　• 신분

YONSEI KOREAN READING 4

내용 이해

1. 이 글을 읽고 춘향전에 대한 내용을 요약해 쓰십시오.

주인공	
내용	1) 성춘향과 이몽룡은 광한루에서 만나 .... 2) 기생의 딸인 성춘향과 양반의 아들인 이몽룡은 .... 이/가 크다. 3) 그러나 그들은 .... 을/를 약속한다. 4) 몽룡이 .... 으러/러 한양에 가 있는 동안 춘향은 여러 가지 어려움을 겪는다. 5) .... 고 나서 남원에 돌아온 몽룡은 춘향과의 약속을 지킨다.

2. 이 글에서 춘향제에 대한 내용을 찾아 쓰십시오.

처음 시작된 해	
열리는 시기	
글쓴이가 직접 본 행사	

3. 춘향제에서 글쓴이가 구경하지 않은 행사를 모두 쓰십시오.

4. 글쓴이에 대한 설명으로 맞는 것을 고르십시오. (　　　)

❶ 전라도로 처음 여행을 갔다 왔다.
❷ 예전에 '춘향전'을 영화로 본 적이 있다.
❸ 몇 달 전에 한국에 온 외국 유학생이다.
❹ '춘향전'이라는 이야기의 내용을 자세하게 알고 있다.

5. 이 글의 내용과 같으면 O, 다르면 X 하십시오.

1) 글쓴이는 영화 '춘향뎐'을 찍은 장소에도 가 보았다. (　　　)
2) 미모가 뛰어나야 '춘향선발대회'에 출전할 수 있다. (　　　)
3) 남원은 한국의 전통 문화도 체험하고 경치도 감상할 수 있는 곳이다. (　　　)

더 생각해 봅시다

• 여러분 나라에서 옛날 이야기 또는 소설과 관련된 축제나 행사가 있으면 소개해 봅시다.

옛날 이야기나 소설	축제나 행사
루시 모드 몽고메리 (Lusy Maud Montgomery)의 '빨간 머리 앤'	샬럿타운 축제(The Charlottetown Festival)는 캐나다 프린스 에드워즈 섬(Prince Edward Island)의 샬럿타운에서 5월 말에서 10월 중순까지 열린다. 샬럿타운은 이 소설의 배경이 된 곳이다. 축제 기간 동안 뮤지컬 '빨강머리 앤'과 함께 다양한 예술을 접할 수 있다.

03 인제 빙어 축제

• 겨울에는 어떤 축제들이 열릴까요?

• 여러분 나라의 겨울 축제 중에 유명한 것이 있으면 소개해 봅시다.

CD: 27

얼음 세상에서 은빛 요정을 낚다

온 세상이 하얀 눈과 얼음으로 뒤덮인[1] 1월말. 300만 평의 얼음판이 펼쳐진[2] 강원도 인제군 소양호에서는 빙어, 얼음, 눈을 소재로 인제 빙어 축제가 막을 연다.[3] 빙어축제는 벌써 10여 년이 넘게 이어져 와 강원도의 대표적인 겨울 축제로 자리 잡았다. 겨울을 마음껏 즐기기 위해 드넓은 은빛 세상에 모여든 사람들은 추위도 잊고 빙어 낚시와 겨울 놀이에 빠져든다.

빙어 축제는 모두 네 개의 테마로 구성된다. 빙어 낚시와 빙어 요리 체험을 할 수 있는 빙어천국, 신나는 겨울 놀이를 즐길 수 있는 놀이천국, 눈과 얼음으로 빚은 얼음 세상을 보여주는 얼음천국, 내설악과 더불어 살아온 사람들의 문화를 배우고 정을 느낄 수 있는 산촌[4] 천국이 바로 그것이다.

뭐니 뭐니 해도 빙어 축제의 백미[5]는 빙어낚시라고 할 수 있다. 얼음처럼 투명하고[6] 깨끗하다고 해서 이름이 붙여진 빙어는 아주 추운 겨울에 알을 낳기 위해 소양호 상류를 찾는다. 사람들은 두꺼운 빙판에 구멍을 뚫고 그 구멍 속으로 낚싯대를 던져 놓고 은빛 요정을 기다린다. 빙어낚시를 잘 하는 요령[7]은 낚싯대를 위아래로 톡톡 치면서 빙어를 유인하는[8] 것이라고 한다. 이렇게 해서 잡힌 빙어는 그 자리에서 통째[9]로 사람들 입속으로 사라진다. 살아 있는 빙어를 초고추장에 찍어 입으로 가져가면 빙어의 몸부림[10]에 초고추장 파편[11]이 사방[12]으로 튀곤 한다. 그럴 때마다 빙판 여기저기에서 비명을 지르는 소리가 들리는데 모두들 예상을 했다는 듯이 그것도 즐기는 표정들이다. 낚는 재미도 재미지만 먹는 재미 때문에 빙어 낚시를 즐기는

---

1) 뒤덮이다	모두 씌워지다.
2) 펼쳐지다	펴지다.
3) 막을 열다	공연이나 행사를 시작하다.
4) 산촌	산 속에 있는 마을.
5) 백미	가장 뛰어난 것.
6) 투명하다	맑고 깨끗하여 그 속이 보이다.
7) 요령	잘하는 방법.
8) 유인하다	그쪽으로 끌어들이다.
9) 통째	나누거나 빼지 않은 전부 다 그대로.
10) 몸부림	있는 힘을 다해 몸을 움직이는 것.
11) 파편	깨어진 조각.
12) 사방	동서남북 네 방향.

사람도 적지 않다.

낚시가 무료하다면[13] 놀이천국으로 가 보는 것은 어떨까? 너도나도 썰매를 타며 어린 시절로 돌아간 것처럼 즐거워한다. 그 외에도 얼음축구, 눈썰매, 인간 컬링, 빙상 볼링, 빙상 경보[14]대회, 빙판 줄다리기 등의 놀 거리가 있다. 그 중에서 특히 얼음축구는 하는 사람도, 보는 사람도 즐거운 축제에서 빼놓을 수 없는 행사이다. 미끄러운 얼음판에서 나무 공을 쫓아다니는 선수들의 우스꽝스러운[15] 걸음걸이나 넘어지는 모습에 이를 지켜보는 사람들 모두 안타까워하면서도 배꼽을 잡고 즐거워한다.

조용히 데이트를 즐기고 싶다면 얼음천국으로 가서 얼음 조각과 눈꽃[16] 나무숲을 거닐며 겨울 풍경을 감상하는 것도 좋겠다. 그 옆에 마련된 산촌천국에서는 이 지역에 사는 사람들의 생활 방식과 음식, 놀이 문화 등을 체험할 수도 있다.

축제에 참가할 때는 빙어 낚싯대와 낚시 의자 등을 각자 준비해야 한다. 특히 추운 곳에서 긴 시간을 보내야 하므로 옷을 따뜻하게 입고 무릎담요 등을 준비해 가는 것도 좋다. 취사는 정해진 곳에서만 할 수 있으므로 음식을 조리하려면 지정된 장소를 미리 알아두도록 한다.

여유가 있다면 가까운 곳에 있는 백담사의 템플스테이를 체험해 보거나 한계령 등을 둘러보고[17] 돌아오는 일정을 잡아보는 것도 좋겠다.

---

13) 무료하다　심심하고 지루하다.
14) 경보　빠르게 걷는 육상 경기.
15) 우스꽝스럽다　매우 우습다.
16) 눈꽃　나무에 쌓여 꽃이 핀 것처럼 보이는 눈.
17) 둘러보다　여기저기 살펴보다.

어휘 연습

1. 다음 표현에 맞는 의미를 연결하십시오.

1) 막을 열다 •	• 배를 잡고 크게 웃다
2) 배꼽을 잡다 •	• 공연이나 행사를 시작하다
3) 파편이 튀다 •	• 깨진 조각이 여기저기에 흩어지다
4) 비명을 지르다 •	• 아주 기쁘거나 놀라서 큰 소리를 내다

2. 빈칸에 알맞은 어휘를 쓰십시오.

[보기]
우스꽝스럽다　　투명하다　　유인하다　　무료하다

1) ....는/은/ㄴ 유리창에 새들이 부딪치는 경우가 종종 있다.

2) 장거리 운전을 할 때에는 ....음/ㅁ을 달래기 위해 음악을 듣는다.

3) 사람들을 웃기려고 ....게 옷을 입은 코미디언들이 나와서 공연을 했다.

4) 낚시꾼들은 떡밥을 준비하는데 이것은 물고기를 ....기 위해 뿌리는 미끼이다.

3. 다음 표현에 맞는 의미를 연결하십시오.

1) 농촌 •	• 배, 생선, 어부
2) 어촌 •	• 산, 나무, 산나물
3) 산촌 •	• 석탄, 광물, 광부
4) 탄광촌 •	• 논밭, 농작물, 농부

내용 이해

1. 이 글의 내용이 아닌 것을 고르십시오. (　　　)

❶ 축제를 하는 때

❷ 축제를 하는 장소

❸ 축제에서 하는 행사

❹ 축제를 준비하는 사람들

2. 빙어축제의 네 가지 테마와 각각의 행사를 모두 찾아 쓰십시오.

1) 빙어천국 : ....

2) .... : ....

3) .... : ....

4) .... : ....

3. 다음을 비유한 표현을 찾아 쓰십시오.

1) 소양호 : ....

2) 빙어 : ....

4. 빙어 축제에 참가하기 위해 참가자들은 무엇을 준비해야 합니까?

5. 이 글의 내용과 같으면 O, 다르면 X 하십시오.

1) 빙어를 잡은 곳에서 음식을 만들어 먹을 수 있다. ( )

2) 빙어축제에서 가장 재미있는 행사는 빙어낚시이다. ( )

3) 백담사에서의 템플스테이도 빙어축제 행사 중 하나이다. ( )

더 생각해 봅시다

• 봄, 여름, 가을, 겨울 각 계절에 따라 열리는 축제들을 알아보고 이야기해 봅시다.

계절	축제
봄	
여름	
가을	
겨울	
계절과 상관없이	

제10과 현대를 살아가는 사람들

01 아름다운 세상을 여는 사람

02 핸드폰 때문에 생긴 일

03 현대인의 삶과 시

01 아름다운 세상을 여는 사람

• 어렸을 때 여러분의 꿈은 무엇이었습니까?

• 사회 변화나 더 좋은 세상을 위해 노력하는 사람을 알고 있습니까?

CD: 28

김 기자: 어렸을 때부터 변호사가 꿈이었습니까?

박 변호사: 우리 부모님은 저에게 철도고등학교를 가라고 하셨습니다. 취직도 잘 될 뿐만 아니라 모자를 쓴 철도 전무[1]가 부러워 보였기 때문이었지요. 그러나 시골에서는 조금만 공부를 잘 하면 판검사 하라고 주변에서 권했습니다. 그만큼 판검사는 권력과 신분 상승[2]의 상징이었지요. 힘들게 서울대학교 법대에 들어간 지 얼마 되지 않아 저는 학생 시위[3]에 참가했다가 학교에서는 제적되고[4] 감옥까지 가게 되었습니다. 그러나 대학에서 배울 수 없는 많은 것들을 감옥에서 배웠어요. 교도소[5] 안에서 많은 피고인[6]들과 죄수들을 만나면서 그들의 인간적 모습을 보았고 그들의 처지[7]를 이해할 수 있었습니다.

김 기자: 자신의 인생을 바꿔 놓은 큰 사건이나 인물 또는 평소 존경하는 인물이 있다면 말씀해 주세요.

박 변호사: 감옥 속에서 읽은 책 가운데 내게 고시 공부를 하게 만든 책이 있었습니다. 저는 주변의 권유대로 법대를 갔지만 정작 판검사가 나의 길인가에 회의[8]를 품고 있었지요. 그런데 감옥 속에서 '예링'이라고 하는 독일 법철학자[9]의 『권리를 위한 투쟁[10]』이라는 책을 보고 법률가의 길도 큰 의미가 있겠다고 생각하게 되었습니다. "법의 목적은 평화이고 거기에 이르는 과정은 투쟁이다", "권리 위에 잠자는 자는 보호받지 못한다"는 등의 명언[11]이 바로 이 책 안에 담겨 있었지요. 세상에 어느 것도 공짜로 얻어지는 것은 없고, 노력한 만큼 얻게 된다는 이 당연한 말을 통해 법률을 통한 사회 변화에 관심을 가지게 되었습니다.

---

1) 전무	사장과 부사장을 도와 일하는 회사의 이사 가운데 한 사람.
2) 상승	낮은 곳에서 위로 올라감.
3) 시위	여러 사람이 같이 자신들의 생각을 표시하기 위해 집회나 행진을 하는 일.
4) 제적되다	호적, 학적 등에서 이름이 지워지다.
5) 교도소	죄인을 가두어 두는 시설.
6) 피고인	고소를 당한 사람.
7) 처지	처하여 있는 사정이나 형편.
8) 회의	마음속에 품고 있는 의심.
9) 법철학자	법과 철학을 함께 전문적으로 연구하는 사람.
10) 투쟁	어떤 대상을 이기거나 극복하기 위한 싸움.
11) 명언	내용이 훌륭하고 표현이 뛰어나서 많이 사용되는 문구.

김 기자: 성공이 보장된 변호사의 길을 버리고 시민운동가[12]의 길을 선택한 것에 대해 가족들은 어떻게 생각하나요?

박 변호사: 수입 좋은 변호사 일을 완전히 그만두니 집안 형편이 어려워져 아이들과 아내의 불만이 커졌습니다. 그러나 저는 옳은 일을 하고 좋은 일에 힘쓰다 보면 모든 것이 잘된다는 신념을 갖고 있습니다. 아내는 제가 돈을 벌어 오지 못하니까 직업을 가져야 했습니다. 그 과정에서 뒤늦게 새로운 공부를 시작했고, 결국 실내 장식 디자이너가 되었습니다. 아내는 조금 힘들기는 하지만 새로운 자기 세계를 가지게 된 것에 대해 행복해합니다. 아이들도 점차 나이가 들면서 아빠의 일을 이해하게 되었고 왜 아빠가 가난하게 되었는지, 사회를 위해 어떤 일을 하고 있는지를 알게 되었습니다. 불만스럽게 생각하던 아이들이 이제 아빠를 격려하고 지지하는[13] 상황으로 변하게 되었지요.

김 기자: 대다수의 사람들은 돈과 권력이 행복의 필수적[14]인 조건이라고 생각합니다. 그런데 선생님은 시민의 권리 찾기 등 돈이나 권력과는 무관해 보이는 일에 힘쓰고 계십니다. 선생님이 생각하시는 아름답고 행복한 삶의 조건은 무엇인지요?

박 변호사: 사람은 돈이나 권력만으로 사는 것이 아닙니다. 오히려 보람으로 살지요. 때로는 돈이 없어 고통당하는 일도 있지만 그건 큰 문제가 안 됩니다. 저는 지금 행복합니다. 제가 조금 고생을 하더라도 어려운 입장에 있는 사람들을 돕는 기쁨은 그 무엇과도 비교할 수 없습니다. 여러 사람들이 힘을 합쳐 새로운 법안[15]을 만들어 내고 사회 변화를 이루어 냈을 때, 그 기쁨은 다른 사람이 이해하기 어렵지요. 좋은 세상을 위해 헌신하는[16] 젊은이들과 함께 일하는 것도 또 다른 행복이랍니다.

김 기자: 자기 진로[17]를 찾고 있는 학생들에게 해 주실 이야기가 있다면 말씀해

---

12) 시민운동가 시민의 입장에서 정치 · 사회 운동을 하는 사람.
13) 지지하다 다른 사람의 생각을 옳다고 여겨서 그 편을 들거나 도와주다.
14) 필수적 반드시 있어야 하거나 꼭 해야 하는.
15) 법안 법률의 안건이나 초안.
16) 헌신하다 몸과 마음을 바쳐 일하다.
17) 진로 앞으로 나아갈 길, 장래의 삶의 방식이나 방향.

주십시오.

박 변호사: 세상에는 많은 길들이 있습니다. 고속도로 같이 많은 사람들이 다니는 길도 있고, 사람들이 별로 가 보지 않은 오솔길[18]도 있지요. 나는 여러분이 고속도로보다는 오솔길을 걸었으면 합니다. 편한 길은 안전하지만 싫증날 수 있으니까요. 오솔길은 위험도 있겠지만 그보다 더 큰 보람을 느낄 수 있는 길입니다. 젊은 시절에는 이런 험난한[19] 길을 선택하여 인생의 경험을 쌓고 모험을 즐겨 해야 한다고 믿습니다. 그 길이 인생에 훨씬 큰 의미와 보람을 가져다줄 것이기 때문입니다.

---

18) **오솔길** 길의 폭이 좁으며 사람이 많지 않아 조용한 길.

19) **험난하다** 위험하고 어렵다. 형편이 어렵고 고생스럽다.

어휘 연습

1. 빈칸에 알맞은 어휘를 쓰십시오.

[보기]

보장 제적 처지 회의

1) 이 보험의 장점은 노후의 질병 치료까지 ....이/가 된다는 것이다.

2) 그분은 자신도 어려운 ....에 있으면서도 항상 다른 사람들을 돕는다.

3) 내 친구는 몇 년 동안 등록을 하지 않아서 결국 학교에서 ....이/가 되었다.

4) 정말 열심히 일했는데도 매번 동료들보다 승진이 늦으니까 직장생활에 정말 ....이/가 든다.

2. 이 글에서 다음과 비슷한 뜻을 가진 어휘를 찾아 쓰십시오.

1) 법률가 ....

2) 감옥 ....

3) 싸움 ....

4) 관계없다 ....

5) 앞으로의 길 ....

2. 다음 표에 알맞은 어휘를 쓰십시오.

[보기]

거절	고통	대접	무시	보호
사랑	설득	이용	존경	주목

..................받다	..................당하다
보호받다,	거절당하다,

내용 이해

1. 이 글의 내용을 시간의 흐름에 따라 순서대로 쓰십시오.

가. 시위를 하다가 제적되어 교도소 생활을 하게 되었다.
나. 어느 책을 읽다가 고시 공부를 결심하고 변호사가 되었다.
다. 주변 사람들이 권하여 서울대학교 법과대학에 진학하였다.
라. 좋은 세상을 만들기 위해 노력하는 젊은이들과 함께 일했다.
마. 사회 변화에 관심을 가지게 되면서 시민운동가의 길을 선택하였다.

(다) → ( ) → ( ) → ( ) → ( )

2. 박 변호사의 답변에서 나오지 않은 내용을 고르십시오. ( )

❶ 감옥에 가게 된 이유

❷ 행복의 조건에 대한 생각

❸ 젊은이들의 진로에 대한 조언

❹ 서울대 법대에 다니면서 읽은 책

3. 박 변호사가 생각하는 아름답고 행복한 삶의 조건을 찾아 쓰십시오.

4. 박원순 씨가 인터뷰에서 말한 '오솔길'은 어떤 뜻인지 찾아 쓰십시오.

5. 이 글의 내용과 같으면 O, 다르면 X 하십시오.

1) 이 사람은 서울대학교 법대에 다니면서 많은 것을 배우고 졸업했다. ( )

2) 이 사람은 감옥에서 읽은 책을 통해 법률가가 되기로 결심했다. ( )

3) 이 사람의 아내는 직업을 가지게 된 것을 행복해한다. ( )

더 생각해 봅시다

• 여러분이 기자가 되어 인터뷰할 대상을 정한 후 하고 싶은 질문을 만들어 보십시오.

인터뷰 대상	
인터뷰 질문	1.
	2.
	3.
	4.

02 핸드폰 때문에 생긴 일

• 휴대폰 사용으로 인한 긍정적인 변화나 부정적인 변화에 대해 이야기해 봅시다.

• 우리의 생활에 변화를 가져 온 물건들은 어떤 것이 있습니까?

연락할 일이 있어서 핸드폰을 꺼내자 곁에 있던 친구의 눈이 왕방울만 해진다.

"아직도 이런 전화기를 쓰는 사람이 있네! 이거 박물관에서나 볼 수 있는 거 아냐?"

액정이 칼라가 아닌 흑백인 데다 벨소리도 구식 기계음이라서 신기한 모양이다. 하지만 걸고 받는데 별 이상이 없고 문자도 잘 주고받는데 무엇이 문제란 말인가?

주위 사람들이 유행처럼 너도나도 핸드폰을 장만할 때, 집과 사무실에서 연신[1] 울려대는 전화만으로도 벅차서 별 관심을 가지지 않았다. 그런데 문제는 출장이었다. 일주일이 멀다 하고 전국 방방곡곡[2]을 돌아다니는 동안 연락이 안 되자 사람들이 답답해 죽겠단다.

핸드폰이 없는 나를 원시인이[3]라고 놀리던 사무실 선배가 핸드폰을 새로 장만했다면서 예전 번호를 넘겨주었다. 마침 얹혀살던 집에서 독립을 해 전화가 없던 터라 고맙게 받았다. 그리고 컬러폰이 등장하는 바람에 값이 곤두박질치고[4] 있던 흑백폰을 하나 구했다. 개통하기[5]가 무섭게 전화기가 울려대기 시작했다. 밤낮을 가리지 않고, 때와 장소도 가리지 않고 울려댔다. 핸드폰이 없던 시절에 우리는 도대체 어떻게 참고 살았던 것일까?

어떤 사람과 만나려면 만나는 그 순간까지 도대체 몇 차례나 핸드폰이 울려대는지 모른다. 정확하게 몇 월 며칠 몇 시에 어디서 만나자고 정하지 않고, '그때 가서 다시 전화할게'라고 어정쩡하게[6] 말하고는 끊는다. 그리고 다시 전화를 해서 시간과 장소를 정하고, 약속한 날 아침에는 오늘 약속이 유효한지 점검을 하고, 약속 시간이 다가오면 지금 약속 장소로 오고 있는지를 확인한다. 중간에 확인 전화가 없으면 자연스레 약속이 취소되었다고 생각하기도 한다. 만약 길을 헤매다 약속 시간에 조금 늦거나 약속 장소가 어긋났을 때는 십중팔구 핸드폰에 불이 난다.

그 옛날 물레방앗간[7]에서 몰래 만나던 남녀는 약속 시간을 어떻게 정하고 지킬 수 있었을까? 그들에겐 시계도 없고 핸드폰은 더더욱 없었을 텐데……. 물레방앗간은

---

1) 연신 　연방, 잇따라 자꾸.
2) 방방곡곡 　한 군데도 빠짐이 없는 모든 곳.
3) 원시인 　고대 인류, 미개한 사회의 사람.
4) 곤두박질치다 　좋지 못한 상태로 급히 떨어짐을 비유적으로 이르는 말.
5) 개통하다 　길, 다리, 철로, 전화 등이 완성되거나 이어져 통하기 시작하다.
6) 어정쩡하다 　분명하지 않고 모호하거나 어중간하다.
7) 물레방앗간 　떨어지는 물의 힘으로 바퀴를 돌려 곡식을 찧거나 빻는 기구를 설치하여 놓은 곳.

물의 낙차[8]가 필요하므로 동네에서 조금 떨어진 곳에 있었을 것이다. '보름날 밤 앞산에 달이 둥실 떠올랐을 때 만나자' 이런 식으로 약속을 했다면 아마 마음이 급한 사람은 초저녁부터 달이 뜨기를 꽤나 기다렸을 것이다.

'해가 중천[9]에 떴는데도 아직 구들장[10]을 지고 있냐.'

'해 지기 전에 돌아와라.'

'그림자가 제일 짧아졌을 때 버드나무 삼거리에서 만나자.'

옛 사람들의 시간관념은 이렇게 해와 달을 중심으로 돌아가고, 약속 장소 역시 자연물을 이용해서 운치[11] 있게 설명했다. 10분 늦었다고 화를 내거나 초조해하지 않고, 느긋하게 기다리며 곧 만날 사람의 얼굴을 떠올렸겠지. 재회의 기쁨 때문에 입가로 번지는 웃음을 애써 참으며, 만날 사람에게 맨 처음 건넬 말을 설레는 마음으로 궁리하고[12] 있었겠지.

전화기가 꺼져 있는 날은 원성[13]이 자자하다[14]. '왜 내 전화를 피하느냐'부터 '꺼놓을 거면 왜 샀느냐'는 항의까지 듣게 되면 별로 잘못한 일이 없는 것 같은데도 괜히 주눅이 든다[15]. 며칠 동안 통화가 안 되면 큰일이라도 났나 싶어 부랴부랴[16] 찾아오는 사람도 있다.

고등학교 때부터 집을 떠나 있었던 나는 늘 이렇게 설명한다. 무슨 일이 생기면 나를 아는 누군가가 고향집으로 연락할 것이다. 아프면 친구나 사무실에서 연락을 하고, 사고가 나면 경찰서에서 연락을 할 것이다. 무슨 일이 생기지 않았으니 연락이 없는 것이다. 고로 전화가 뜸하면[17] 잘 있는 거라고 생각하시라…….

그러나 어머니는 번번이 야단뿐이다. 나중에 꼭 나 닮은 자식을 낳아서 고생을 해봐야 철이 들 거라고 하신다.

핸드폰이 흔해지면서 생긴 또 다른 현상은 사람들의 인내심과 기다림이

---

8) 낙차	높은 곳에서 낮은 곳으로 떨어지는 물의 높낮이 차이.
9) 중천	하늘의 한가운데.
10) 구들장	방바닥을 만드는 얇고 넓은 돌.
11) 운치	고상하고 우아한 멋.
12) 궁리하다	마음속으로 이리저리 따져 깊이 생각하다.
13) 원성	원망하는 마음.
14) 자자하다	여러 사람의 입에 오르내려 떠들썩하다.
15) 주눅이 들다	부끄럽거나 무섭거나 하여 기를 펴지 못하고 움츠러들다.
16) 부랴부랴	매우 급하게 서두르는 모양.
17) 뜸하다	자주 있던 왕래나 소식 따위가 한동안 그치다.

사라졌다는 것이다. 사무실에서 동료를 찾을 때 내선전화를 눌러 보고 자리에 없으면 곧바로 핸드폰으로 전화를 한다. 1층에서 일하던 사람이 잠깐 2층에 갔을 수도 있고 화장실에 앉아 있을 수도 있다. 그런데 그 잠깐을 기다리지 못한다.

핸드폰이 생기면서 우리가 잃은 건 이것뿐만이 아니다. 오랜만에 친구들과 둘러앉아 있다 보면, 얼마 지나지 않아 각자 자기의 핸드폰을 들고 통화를 하고 있는 풍경이 벌어진다. 서로 수첩을 뒤적이고[18] 일정을 조정해서[19] 몇 번이나 미루고 미루다가 얼마나 어렵게 만난 자리인가?

그러나 정작[20] 만나서는 같이 있는 사람에게 최선을 다하지 않고 그 자리에 없는 다른 누군가와 열심히 대화를 한다. 어떤 친구는 한 손으로는 차를 마시면서 다른 손으로는 열심히 문자를 보내고 있다. 지금 문자를 보내고 있는 그 사람을 만났을 때도 이와 비슷한 풍경이 벌어졌겠지. 그러다가 헤어질 무렵이 되면, 오늘 못 다한 말은 전화로 하자고 한 마디 던진다. 이럴 거면 오늘 우리가 왜 만났지? 홀로 울리지 않는 내 핸드폰을 만지작거리며[21] 중얼거린다.

'나는 이들에게 과연 어떤 사람일까?'

---

18) 뒤적이다　물건들을 이리저리 들추며 뒤지다.
19) 조정하다　어떤 기준이나 실정에 맞게 정돈하다.
20) 정작　어떤 일에 부닥쳐서 실지로, 사실상.
21) 만지작거리다　가볍게 주무르듯이 자꾸 만지다.

어휘 연습

1. 다음 표현에 맞는 의미를 찾아 연결하고 문장을 만드십시오.

1) 얹혀살다 •	• 어떤 일이 계속하여 급하게 벌어지다
2) 불이 나다 •	• 기가 죽어 자신감이 없고 당당하지 않다
3) 주눅이 들다 •	• 남에게 의지하여 도움을 받으며 같이 살다
4) 철이 들다 •	• 여러 상황을 이해하고 판단할 수 있게 되다

1) 얹혀살다 ....

2) 불이 나다 ....

3) 주눅이 들다 ....

4) 철이 들다 ....

2. 빈칸에 알맞은 어휘를 쓰십시오.

[보기]
도대체 부랴부랴 번번이 연신 정작

1) .... 나에게 말할 기회를 주었을 때 아무 말도 못 하고 말았다.

2) .... 왜 컴퓨터에 이런 문제가 생겼는지 이해할 수가 없었다.

3) 그 사람은 당황스러웠는지 .... 이마의 땀을 손수건으로 닦아냈다.

4) 늦게 출발해 .... 달려갔지만 기차 시간에 맞추어 갈 수 없었다.

5) 김 과장은 약속을 하면 .... 늦었기 때문에 동료들에게 신뢰를 잃고 있었다.

3. 빈칸에 알맞은 어휘를 쓰십시오.

[보기]
고속도로 미소 색 싸움 원성 전화 칭찬 철도

1) 원성,	..........이/가 자자하다
2) 꽃향기,	..........이/가 번지다
3) 지하철,	..........을/를 개통하다

내용 이해

1. 이 글의 내용이 아닌 것을 고르십시오. (　　　)

❶ 휴대폰 발달의 역사

❷ 약속하는 방법의 변화

❸ 휴대폰 사용의 부작용

❹ 휴대폰으로 인한 일상의 변화

2. 글쓴이의 생각과 다른 것을 고르십시오. (　　　)

❶ 휴대폰의 기능보다 디자인이 중요하다.

❷ 예전 사람들은 여유가 있었던 것 같다.

❸ 휴대폰은 장점과 단점을 모두 가지고 있다.

❹ 자주 연락이 없는 것을 걱정할 필요가 없다.

3. 옛 사람들이 약속을 할 때 사용한 표현을 찾아 쓰십시오.

4. 사람들의 만남에서 휴대폰 때문에 나타나는 현상은 무엇입니까?

5. 이 글의 내용과 같으면 O, 다르면 X 하십시오.

1) 글쓴이가 휴대폰을 쓰기 시작한 것은 출장 때문이었다. (　　)

2) 휴대폰 사용의 장점은 사람들이 약속을 확실히 하게 하는 것이다. (　　)

3) 글쓴이는 인내심과 기다림의 미덕이 사라지고 있다는 것을 아쉬워한다. (　　)

더 생각해 봅시다

- 휴대폰으로 인해 나타난 사회 현상에 대해 이야기해 봅시다.

휴대폰 중독	요즘 젊은이들이 날마다 휴대폰을 가지고 다니다가 휴대폰이 잠깐이라도 없으면 불안해하거나 초조해하는 현상
엄지족	

03 현대인의 삶과 시

• 현대 사회를 그린 시들은 어떤 주제를 담고 있습니까?

• 사람들은 왜 시를 씁니까? 이야기해 봅시다.

CD: 30

희망을 만드는 사람이 되라

정호승

이 세상 사람들 모두 잠들고
어둠 속에 갇혀서 꿈조차 잠이 들 때
홀로 일어난 새벽을 두려워 말고
별을 보고 걸어가는 사람이 되라
희망을 만드는 사람이 되라

겨울밤은 깊어서 눈만 내리어
돌아갈 길 없는 오늘 눈 오는 밤도
하루의 일을 끝낸 작업장 부근
촛불도 꺼져가는 어둔 방에서
슬픔을 사랑하는 사람이 되라
희망을 만드는 사람이 되라

절망도 없는 이 절망의 세상
슬픔도 없는 이 슬픔의 세상
사랑하며 살아가면 봄눈이 온다
눈 맞으며 기다리던 기다림 만나
눈 맞으며 그리웁던 그리움 만나
얼씨구나 부둥켜안고[1] 웃어보아라
절씨구나 뺨 부비며 울어보아라

별을 보고 걸어가는 사람이 되어
희망을 만드는 사람이 되어
봄눈 내리는 보리밭길 걷는 자들은
누구든지 달려와서 가슴 가득히
꿈을 받아라
꿈을 받아라

1) 부둥켜안다　꼭 끌어안다.

내용 이해

1. 다음의 시어들이 상징하는 것을 알맞게 찾아 쓰십시오.

[보기]
봄눈　　별　　어둠　　잠　　겨울밤　　꿈

희망	절망

2. 시행이나 어절의 반복을 통해 얻을 수 있는 시적인 효과는 무엇입니까?

3. 시인이 독자들에게 전하고 싶어하는 메시지입니다. 다음 빈칸을 채우십시오.

시인은 현대인들이 .... 속에서도 ....과/와 ....을/를 가지고 살아가기를 바라는 마음으로 이러한 시를 썼다.

CD: 30

지구의 근황[1]

함민복

나무를 기억한다, 사람들 가슴에 늘 푸른 붓이 되던
나무를 사랑한다. 어디서 보나 등은 없고 가슴만 가진
나무를 추억한다, 바람 불 때마다 여린 식물의 뿌리를 잡아주던
나무를 애도한다[2], 꿈의 하늘을 향해 서서히 솟아오르던 녹색 분수

나무가 산다 사람들 마을에 사람들처럼
줄을 맞추고 그 길 그 공원의 격조[3]에 맞춰
나무가 산다 아황산가스가 질주하는[4], 쾍쾍, 나무가 산다

기름진 시멘트 산에 잡초처럼 나무가 산다 성장력 왕성한[5]
시멘트국에 볼모[6]로 잡혀온 자연국의 사신처럼 나무가 산다
시멘트가 더러 나무로 푸른 문신을 새긴다 시멘트가
나무 반지 나무 목걸이를 하고 뽐낸다 시멘트가 나무를 다스린다

가로수 혹은 담장, 그 푸른 시멘트의 넥타이
철커덕
가로수 혹은 담장, 시멘트가 자신의 목을 처단하는 푸른 오랏줄[7]
지구의 사지[8]가 빳빳이(뻗뻗이) 굳어진다

---

1) 근황 요즘의 상황.
2) 애도하다 죽음을 슬퍼하다.
3) 격조 어떤 것에 알맞은 전체의 구성이나 모양.
4) 질주하다 빨리 달리다.
5) 왕성하다 힘이 있다.
6) 볼모 약속을 지키겠다는 담보로 상대편에게 잡혀 두는 물건이나 사람.
7) 오랏줄 도둑이나 죄인을 묶는 굵은 줄.
8) 사지 두 팔과 두 다리.

내용 이해

1. 이 시에서 나무를 비유한 표현을 모두 찾으십시오.

2. '시멘트가 나무를 다스린다'의 의미는 무엇입니까?

3. '지구의 사지가 뻗뻗이 굳어진다'를 통해 시인이 말하고 싶어하는 것은 무엇입니까?

CD: 30

우리말 사랑 1

서정홍

자고 일어나
달리기를 하면 발목 삐일까[1] 봐
조깅을 한다
땀이 나
찬물로 씻으면 피부병 걸릴까 봐
냉수로 샤워만 한다
아침밥은 먹지 못하고
식사만 하고
달걀은 부쳐[2] 먹지 않고
계란 후라이만 해 먹는다
일옷은 입지 않고
작업복만 골라 입고
일터로 가지 않고
직장으로 가서
일거리가 쌓여 밤샘 일은 하지 않고
작업량이 산적해 철야 작업을 하고 돌아와
핏발[3] 선 눈은
충혈된 눈이 되어 집으로 돌아가면
아내는 반찬을 사러
가게로 가지 않고
슈퍼에 간다
실컷 먹고 뒤가 마려우면
뒷간으로 가지 않고

1) 삐다 몸의 어느 부분이 접질리거나 비틀려서 뼈마디가 어긋나다.
2) 부치다 전이나 계란 등을 프라이팬에 기름을 넣고 익히다.
3) 핏발 병, 피로, 흥분으로 몸의 한 부분에 피가 몰려 붉게 된 것.

화장실에 가서
똥오줌은 누지 않고
대소변만 보고 돌아와
오랜만에 아내와 마주 앉아
얘기를 나누다 잠이 들면 될 텐데
와이프와 마주 앉아
대화를 나누다 잠이 든다

내용 이해

1. 위 시를 읽고 우리말에 대응하는 한자어나 외래어를 연결하십시오.

❶ 달리기 •	• 직장
❷ 찬물 •	• 와이프
❸ 아내 •	• 조깅
❹ 일터 •	• 냉수
❺ 가게 •	• 슈퍼

2. 작가가 이 시를 통해서 말하는 것은 무엇입니까?

3. 한국어가 있는데도 한자어나 외래어를 사용하는 이유는 무엇일까요? 이러한 현상에 대한 여러분의 생각을 말해 보십시오 .

부록

모범 답안

어휘 색인

출전

모범 답안

제 1 과 나의 생활

〈1〉 살기 좋은 도시

어휘 연습

1. 1) 포함되어 2) 개최했다 3) 파괴하는
   4) 복원하는

2. ❶

3.

1) 값, 순서, 점수
2) 투표, 행사
3) 25%, 금메달

내용 이해

1. ❹
2. 교육, 소득 수준, 환경오염, 자연재해와 관련된 정책
3. ❶
4. 서울의 한강, 산과 숲을 보호하는 도시 개발의 원칙을 지켜야 한다. 여러 분야의 전문가들과 시민들의 다양한 의견을 앞으로의 정책에 반영해야 한다.
5. 1) ○ 2) × 3) ×

〈2〉 향기 나는 여자, 느낌이 좋은 남자

어휘 연습

1.

1) 소박한 사람	무슨 일에든지 잘 감동하는 사람
2) 겸손한 사람	큰 욕심을 내지 않고 꾸밈이 없는 사람
3) 지성적인 사람	생각하고 이해하고 판단하는 능력이 뛰어난 사람
4) 감성이 풍부한 사람	상대를 존중하고 자신의 것을 자랑하지 않는 사람

2. 1) 수명이 2) 감성의 3) 지성과
   4) 시련과 5) 행간을
3. 1) ❷ 2) ❹ 3) ❸

내용 이해

1. 자기쇄신, 신체적 쇄신, 정신적 쇄신

2.

	정의	글쓴이가 권하는 것
신체적 쇄신		등산, 자전거 타기, 걷기, 수영을 지속적으로 할 것
정신적 쇄신	인간적인 성숙을 말하는 것으로 인생을 더 풍부하게 느끼고 어려움을 이길 수 있는 용기와 능력을 키우고 주변의 사람들을 사랑하고 사랑받을 수 있는 힘을 키워 나가는 것	책 읽기, 신문 읽기, 대화하기, 명상하기, 기도하기, 글쓰기, 정기적인 자기반성

3. 직업 : 시간 관리 컨설턴트
   하는 일 : 시간을 효과적으로 사용하는 방법을 조언해주는 일

4.

글쓴이는 자기 발전을 위해
하루에 30분씩 운동을 하고
일주일에 한 번은 일기를 쓰고
한달에 한 권은 책을 읽고
계절에 한 번씩은 자연과 벗하고
일년에 한 번은 혼자 여행을 하라고 말한다.

5. 1) ○ 2) × 3) ×

〈3〉 내 고향 서울

어휘 연습

1.

1) 소위	층마다
2) 서서히	천천히
3) 켜켜이	이유 없이
4) 공연히	남들이 흔히 말하는

2. 1) 통하지 2) 지치기 3) 간직하고 4) 발휘하시기
   5) 복작이는

3.

1) 때	풀리다
2) 정	대다
3) 핑계	설다
4) 긴장	들다
5) 귀	묻다

내용 이해

1. ❷
2. ❸
3. ❷, ❹
4. 어린 시절의 순수한 시간들이 때가 되어 쌓였기 때문이다. 정이 들었기 때문이다.

5. 1) ○ 2) ○ 3) ×

제 2 과 사람의 성격

〈1〉 우물에 가서 숭늉 찾는다

어휘 연습

1. 1) 의욕이 2) 시각도 3) 열정을 4) 재치
   5) 표현
2. 씻어야, 물을 길어, 물을 부어서, 푼다, 눌어붙는데
3. 1) 서두르다 2) 해치우다 3) 불안하다 4) 민첩하다

내용 이해

1. ❶
2. 마음이 급해서 일의 순서를 지키지 않고 서둘러 행동할 때 하는 말
3. 1) 우물에 가서 숭늉 찾는다.
   2) 번갯불에 콩 볶아 먹겠다.
4. 부지런한 성격과 뭔가 하겠다는 의욕
5. 1) × 2) ○ 3) ×

〈2〉 마음에는 형태가 있다

어휘 연습

1.

1) 상냥하다	이해심이 적다
2) 속이 검다	친절하고 부드럽다
3) 마음이 좁다	마음속으로 나쁜 생각을 하다
4) 마음이 뒤틀리다	다른 사람의 말을 받아들일 준비가 되어 있다
5) 마음의 문을 열다	다른 사람의 말을 있는 그대로 이해하지 못하다

2. 1) 둔해서, 둔한 2) 시원한, 시원하게
   3) 가볍다, 가볍다 4) 냉랭했다, 냉랭할
   5) 거칠어서, 거칠어지니까
3.

1) 곧다	급하다
2) 둔하다	날카롭다
3) 느긋하다	뒤틀리다
4) 추악하다	아름답다
5) 짜임새가 있다	헝클어지다

내용 이해

1. (나)→(다)→(가)→(라)
2. 본래 마음에는 고정된 형체가 없으므로 자기가 바꾸려고 생각하면 바꿀 수 있는 것이다.
3.

넓이	자네는 마음이 너무 좁다, 좀 더 마음이 넓어야 한다
온도	마음씨가 따뜻하다, 그렇게 냉랭할 수가 없다, 그 사람 참 시원시원하다
빛깔	그놈은 속이 검다, 그녀는 마음이 눈처럼 희다

4. 미각, 시각, 촉각, 청각, 후각
5. 1) × 2) × 3) ○

〈3〉 문제도 해결책도 내부에 있습니다

어휘 연습

1.

1) 기대하다	서로 알맞게 어울리다
2) 상응하다	어떤 것을 책임지고 보살피다
3) 관리하다	어떤 일이 이루어지기를 바라고 기다리다
4) 주도하다	앞으로 있을 힘든 일에 대해서 미리 준비하다
5) 대비하다	일을 주장하는 사람이 되어 이끌거나 지도하다

2. 1) 받으면, 받으면서 2) 쥐고, 쥐고 3) 밝히고, 밝히고
   4) 밴, 배었다
3. ❹

내용 이해

1. 상처를 주는 것도 상처를 받는 것도 너무나 힘이 든다. (작은 일에도 상처를 받는다.)
2. 어릴 때 부모님의 관심을 별로 받지 못해서인 것 같다.
3. 첫째, 자신에 대한 상대방의 감정과 태도를 확인해 봐라.
   둘째, 문제의 원인을 외부에서 찾지 말고 자신의 삶

을 주도적으로 이끌어 가라.

셋째, 언니나 세상에 대해서 큰 기대를 하지 말고 자신을 사랑하면서 행복감과 활기를 느낄 수 있도록 해라.

4. ❷

5. 1) ○ 2) × 3) ○

제 3 과 우리들의 일상

〈1〉 경고문에 담긴 세상

어휘 연습

1. 1) 시도한 2) 설득해서 3) 호소하는 4) 사정했다 5)적발되면

2. 1) 따르다 2) 열람하다 3) 제한하다 4) 건드리다

3. 1) 촬영 금지 • • 중앙 컴퓨터실
   2) 취사 금지 • • 미술관
   3) 낙서 금지 • • 국립공원
   4) 출입 금지 • • 건물 벽

내용 이해

1. ❹

2.

장소	경고 내용
골목길	'쓰레기를 버리지 마시오', '발견 즉시 신고함', '주차 금지'
공원	'공원의 동물들을 건드리지 맙시다!' '아름다운 사람은 머문 자리도 아름답습니다.' '잔디가 아파요!'
도서관	'도서관에서 음식물을 먹으면 안 된다고요? 네, 그렇습니다. 안됩니다.' '일반 열람실에서 노트북PC를 쓰면 안 된다고요? 네, 그렇습니다. 안됩니다.'

3. 요일과 시간에 맞춰 쓰레기를 내놓아야 한다.

4. ❷

5. 1) ○ 2) × 3) ○

〈2〉 동전 한 개의 오블리주

어휘 연습

1. 1) 자판기 앞으로 몸을 돌렸다. • • 죽이다
   2) 같은 반 식구들에게만 웃음을 건넸다. • • 향하다
   3) 그 숫자에만 멍하니 눈을 두고 있었다. • • 미소 짓다
   4) 단 돈 몇 만원에 사람 목숨도 빼앗는다. • • 바라보다

2. 1) 나누기 2) 기부하는 3) 베푸는 4) 환원하겠다고

3. ❶ 싱긋 • • 비다
   ❷ 활활 • • 웃다
   ❸ 옹기종기 • • 얼다
   ❹ 꽁꽁 • • 타오르다
   ❺ 텅 • • 모여 있다

내용 이해

1. 가진 자가 사회를 위해 무엇인가를 환원하는 것을 자신의 사회적 의무처럼 여기고 실천하는, 우리가 가진 범위 안에서 우리의 정성을

2. 초면인 분이 동전 자판기에 500원을 넣어주는 배려를 해 주었다.

3. 남은 동전을 자판기에 모두 넣어 두었다.

4. ❹

5. 1) × 2) ○ 3) ○

〈3〉 노래와 일상

어휘 연습

1. 1) 숨이 막힐 2) 바가지를 긁는다 3) 눈치를 살피게 4) 시험을 망쳐서 5) 새파랗게 젊은

2. 1) 덜덜 2) 꽉 3) 후루룩 4) 똑똑 5) 쯧쯧

3.

	틀린 맞춤법	바른 맞춤법
1)	째째하다	쩨쩨하다
2)	설겆이	설거지
3)	떡볶기	떡볶이
4)	찌게	찌개
5)	몇일	며칠
6)	편의점에 들리다	편의점에 들르다

내용 이해

1. ❶
2.

노래 제목	노래의 주제
첫 번째 노래 : 오락실	시험, 실업, 실패
두 번째 노래 : 왼손잡이	차별, 편견, 선입견
세 번째 노래 : 사노라면	고생, 희망, 밝은 미래

3. ❹
4.
1) 직장을 잃어 실업자가 된 아빠들이 많다고 하는데.
2) 왼손잡이라고 해서 다르게 보거나 무시하지 마.
3) 어려운 일을 이겨내면 희망이 있지 않냐?

5. 1) ○ 2) × 3) ×

제 4 과 한국의 문화

〈1〉 인터넷 사랑방

어휘 연습

1. 1) 꿈 • • 맺다
2) 영향 • • 갖다
3) 관계 • • 묻다
4) 모임 • • 미치다
5) 안부 • • 실현하다

2. 초고속 인터넷을, 인터넷 보급률, 카페와 커뮤니티가, 정모와
3. 1) ❸ 2) ❷

내용 이해

1. 예전 우리 조상들이 집에 찾아온 손님들과 세상 이야기를 나누던 사랑방의 역할과 같기 때문에
2. 1) 인구 밀도가 높고 대규모 거주 단지에 밀집해 살고 있다.
2) '빨리빨리' 문화가 있다.
3. ❸, ❹
4. 서로의 의견을 나누고 공동의 문제 해결을 위해서 때로는 힘을 모으기도 한다.
5. 1) ○ 2) ○ 3) ×

〈2〉 '우리' 중심의 동양인

어휘 연습

1. 1) 여럿이 • • 혼자서
2) 심지어 • • 일반적으로
3) 스스로 • • 많은 사람이
4) 대체로 • • 더 심하게는

2. 1) 어색하게 2) 능숙하게 3) 올바른 4) 친밀하게
3. 1) 여기다 2) 직역하다 3) 추구하다 4) 형성되다

내용 이해

1. 자신이 속한 집단, 개인
2. ❷
3. 가족이 잘되어야 나도 잘되고, 나의 성공은 곧 가족의 성공이 된다.
4. ❸
5. 1) ○ 2) × 3) ×

〈3〉 말 안 해도 알지?

어휘 연습

1. 1) 과묵하다 • • 분명하다
2) 명백하다 • • 말이 없다
3) 상반되다 • • 틀림이 없다
4) 확실하다 • • 서로 반대되다

2. 1) 경청해 2) 헤아릴 3) 비롯하여 4) 부임한
3. 1) 정서 2) 충돌 3) 표시 4) 차이 5) 주변

내용 이해

1. ❸
2. 1) 한국 : 말 한마디에 천 냥 빚 갚는다.
2) 일본 : 말하지 않는 데에 정취가 있다.
3. 1) 한국인 • • 모르는 사람을 만났을 때 침묵을 지킨다.
2) 일본인 • • 윗사람에게 말대꾸하지 않고 침묵을 지킨다.
3) 미국인 • • 상대방에 대한 무관심을 표현할 때 침묵을 지킨다.
4) 서아파치족 • • 상대방과의 불필요한 싸움을 피하려고 침묵을 지킨다.
4. 맥주 광고, 텔레비전 드라마

모범 답안

5. 1) ○　2) ×　3) ○

제 5 과 시간과 변화

〈1〉 변화하는 가족

어휘 연습

1. 1) 존중하는　2) 지적해　3) 병행하는　4) 부양하는
2. 1) ❶　2) ❹
3. 1) 입양　2) 조기　3) 집단　4) 육아

내용 이해

1. ❶, ❷
2. 한부모 가족, 비혼모 가족, 무자녀 부부가족, 입양 가족, 독신 가족, 재혼 가족, 공동체 가족
3. ❶
4. 1) 맞벌이　2) 입양　3) 이혼이나 재혼
4) 아동의 조기유학 증가
5. 1) ○　2) ○　3) ×

〈2〉 일한다는 것

어휘 연습

1. 1) 가령 — 예를 들면
2) 요인 — 원인
3) 최근 — 요즈음
4) 구성원 — 일원
2. 1) 그래서인지　2) 반면에　3) 그렇다면　4) 이렇듯
3. 1) 당당하다　2) 지배하다　3) 이르다　4) 공감하다

내용 이해

1. ❹
2. 1) 1단락 — 일을 통해 의식주를 해결하고 행복을 느낀다.
2) 2단락 — 어떤 목적을 가지고 어떻게 직업을 가지게 되는지 생각해 보자.
3) 3단락 — 일에는 그 일을 평가하는 사회적인 의미가 담겨 있다.
4) 4단락 — 일에 대한 시각의 변화가 일어나고 있다.
5) 5단락 — 일을 통한 경험과 일의 의미가 변하면서 일상에 변화가 생긴다.
3. ❸
4. 1) 다양한 종류의 직업이 나타나고 있다.
2) 평생직장의 개념이 사라지고 있다.
3) 고용형태가 다양해졌다.
5. 1) ×　2) ×　3) ○

〈3〉 말에 담긴 세상

어휘 연습

1. 1) 더러 — 가끔
2) 제법 — 꽤
3) 여전히 — 아직까지
4) 곰곰이 — 심각하게
2. 1) 아끼는, 아끼시던　2) 귀하게, 귀해
3) 어지럽게, 어지러워서　4) 알아듣지, 알아듣기
3. 1) 가나다라　2) 노른자　3) 당근과 채찍　4) 첫걸음

내용 이해

1. ❸
2.

우리 사회의 겉모습	교통질서를 잘 지키자는 표어가 많은 것에서 교통질서가 어지럽다는 사실을 알 수 있다.
우리 사회의 속살	차를 운전하는 사람들이 서로를 아끼며 양보하려는 마음을 넉넉히 지니지 않아 안타깝다. 가족이나 친구는 아낀다.

3. 밥맛이야!
4. ❷
5. 1) ○　2) ×　3) ○

제 6 과 지식과 사회

〈1〉 나라마다 다른 골뱅이 이름

어휘 연습

1. 1) 의미를 잃다 — 그 뜻이 별로 중요하지 않게 되다.
2) 뿌리가 같다 — 같은 기원을 가지고 있다.
3) 무릎을 치다 — 갑자기 어떤 사실을 알게 되다.
4) 팔이 안으로 굽다 — 자기와 더 가까운 사람에게 정이 가다.

2. 1) 그만이니 2) 짜릿하기도 3) 점잖은
4) 흥미롭게 5) 신기하고

3. 1) 우물 정 2) 따옴표 3) 쉼표 4) 느낌표
5) 물음표 6) 괄호 7) 마침표 8) 밑줄

내용 이해

1. ❷

2. 주소를 적는 동서양의 문화 차이

3. 1) 국내 집 주소의 형식이 필요 없다. (주소 쓰는 방법이 간단하다.)
2) 세계와 직접 만날 수 있다.
3) 지역적 제한이 없다.

4.

나라	ⓐ을 가리키는 말
독일	원숭이 꼬리
러시아	개
스웨덴	코끼리의 몸통
일본	나루토, 앳마크
중국	라오수
터키	귀
폴란드, 루마니아	작은 원숭이
프랑스, 이탈리아	달팽이
핀란드	고양이 꼬리

5. 1) × 2) × 3) ○

〈2〉 텔레비전 끄기 운동

어휘 연습

1. 1) 가중되다 2) 확산되다 3) 염려되다 4) 집계되다

2. 1) ❷ 2) ❸

3. 1)

감정(-감)	성향(-성)
불안감 만족감 성취감 자신감	유해성 심각성 위험성 필요성

2) ❶ 위험성이 ❷ 심각성을 ❸ 성취감을
❹ 불안감에서 ❺ 유해성이

내용 이해

1. 1) 1단락 — 한국인의 텔레비전 시청 경향
2) 2단락 — 미국의 텔레비전 끄기 운동의 목적과 성과
3) 3단락 — 텔레비전 끄기 운동의 필요성
4) 4단락 — 영국의 텔레비전 끄기 운동 소개
5) 5단락 — 한국의 텔레비전 끄기 운동의 목적과 성과

2. ❸

3. 시청자의 시청 시간을, 가족 간에 대화하는 시간이, 책을 읽는 시간이

4. 정보화 사회라는 시대적 흐름을 거부하려는 것이므로 시대에 뒤떨어진다.

5. 1) ○ 2) × 3) ×

〈3〉 삶의 등대, 도서관

어휘 연습

1.

사회 현상	바다	도서관
빈곤, 양극화, 소외	항해하다, 등대, 망망대해	정리, 수집, 자료, 사서, 보관

2. 정보사회란, 정보 인프라를, 정보강국이다, 정보의 빈곤에, 정보 제공

3. 1) ❸ 2) ❷

내용 이해

1. ❶

2. 도서 · 회화, 기타 자료를 수집 · 정리 · 보관하여, 이용자의 요구에 따라 신속하고 효과적이며 창조적으로 활용할 수 있도록 봉사하는 기관

3. 도서관은 우리 삶의 길을 비추고, 삶에 필요한 것들을 제공하는 곳이므로

4.

	글쓴이의 비유
도서관	삶의 등대, 오래된 미래, 지혜의 등대
삶	망망대해
지식과 정보	오랜 시간 잘 숙성된 술

5. 1) ○ 2) ○ 3) ×

모범 답안

제 7 과 한국의 민속

〈1〉 솟대와 장승

어휘 연습

1.

1) 상징	어떤 일을 바라는 것
2) 통로	통해서 다닐 수 있는 길
3) 제사	생각이나 느낌이 떠오르게 하는 구체적인 사물
4) 소망	신이나 죽은 조상에게 음식을 바치며 절하는 의식

2. 1) 보호해야 2) 기원하는 3) 쫓아 4) 이동해

3. ❹

내용 이해

1. ❸

2. 장대 : 하늘에서 땅으로 내려오는 통로이다.
새 : 인간과 신을 연결하는 존재이다.

3. ❹

4. 수호신 (역할)

5. 1) ○ 2) × 3) ○

〈2〉 오일장

어휘 연습

1.

1) 장날	장이 열리는 곳
2) 장터	장이 열리는 날
3) 장꾼	날마다 열리는 장
4) 상설장	전통적인 모습의 장
5) 재래시장	장에서 물건을 파는 사람

2. 1) 손수 2) 본격적으로 3) 대체로 4) 하필

3. ❶

내용 이해

1. (나) → (라) → (가) → (다)

2.

1) 정보를 교환하는 공간으로 활용되었다.	3 · 1 만세 운동이 발생함
2) 마을과 마을을 연결시켜 주었다.	남사당패 공연을 볼 수 있음
3) 다양한 공연 예술의 장이 되었다.	다른 마을 사람과 인사를 나눔
4) 민란의 발생지가 되기도 했다.	농사에 대한 지식을 얻을 수 있음

3. (나) → (다) → (가)

4.

원인	결과
상설장의 확대	오일장의 명맥이 끊어짐
대형 마트나 슈퍼마켓의 등장	재래시장이 활기를 잃어감

5. 1) × 2) ○ 3) ○

〈3〉 음식 속에 담긴 의미

어휘 연습

1. 1) 상징하는 2) 고려해서 3) 숭배하는
4) 화합하라는

2.

1) 떡, 선물, 신문	______을/를 돌리다
2) 살림, 자리, 집	______을/를 마련하다
3) 귀신, 유혹, 적	______을/를 물리치다

3.

1) 해조류	보리, 쌀, 콩, 팥
2) 견과류	밤, 은행, 잣, 호두
3) 육류	김, 다시마, 미역, 파래
4) 곡류	닭고기, 돼지고기, 쇠고기, 양고기

내용 이해

1. ❶, ❸

2.

1) 백설기	붉은색	태양을 숭배한다.
2)무지개떡	흰색	나쁜 귀신을 물리친다.
3) 팥죽	다섯 가지 색	세상 만물이 조화롭기를 바란다.

3.

음식 이름	숫자	음식에 담겨 있는 주된 의미
백일 떡	100 (백)	떡을 백 집에 돌려야 아이가 건강하게 오래 살 수 있다.
대보름날 나물	9(구, 아홉)	완전하고 충만하다. 모든 걱정을 이겨낸다.
구절판	9(구, 아홉)	서로 생각이 다른 사람들이 화합한다.

4. 육류, 해조류, 견과류

5. 1) × 2) ○ 3) ○

제 8 과 생활과 경제

〈1〉 공정무역이란 무엇일까?

어휘 연습

1. 1) ❶ 상품 • • 잡다
❷ 수익 • • 거치다
❸ 자리 • • 올리다
❹ 유통과정 • • 개발하다

2) ❶ 유통과정을 거치는 ❷ 자리를 잡기가
❸ 상품을 개발하는 ❹ 수익을 올렸다고

2. 1) 선별해서 2) 자립할 3) 개선하기
4) 응답한 5) 재배한다고

3. ❸

내용 이해

1. (마) → (가) → (나) → (라) → (다)

2. 생산자와 노동자가 더 많은 이익을 얻을 수 있도록 중간 유통과정을 줄이고 그들의 권리를 보장해 주는 무역

3.

소비자	유통과정이 분명한 제품을 구입할 수 있다. 상품의 질이 점차 좋아져서 상품에 대해 믿을 수 있다.
생산자, 노동자	공정무역을 통해 나오는 수익은 생산자의 교육과 노동자의 자립을 위해서도 쓰인다.

4. 기존의 친환경 상품들이 마치 공정무역 상품인 것처럼 과대 포장되어 팔리는 경우가 있고, 대기업들이 공정무역을 상업적으로 이용할 가능성도 있다.

5. 1) ○ 2) × 3) ×

〈2〉 알뜰족

어휘 연습

1. 1) 쿠폰족 • • 아껴 쓰는 생활을 하는 사람들
2) 리필족 • • 고가의 유명 제품을 선호하는 사람들
3) 명품족 • • 할인이나 무료 서비스를 받을 수 있는 표를 이용해 싸게 물건을 구입하거나 음식을 먹는 사람들
4) 알뜰족 • • 패밀리 레스토랑 같은 곳에서 서비스 음식을 여러 번 달라고 하거나 음료를 계속 다시 채워 달라고 하는 사람들

2. 1) 철저하게 2) 신중하게 3) 합리적인
4) 과감하게

3. ❹

내용 이해

1. ❹

2. 별명 : 짠돌이, 깍쟁이
이유 : 돈을 잘 쓰지 않고 지나치게 아끼기 때문에

3.

알뜰족의 절약 방법	장점
1) 쿠폰이나 할인카드를 활용한다.	10~30% 정도 저렴한 가격에 식사를 할 수 있다.
2) 신용카드의 혜택을 다양하게 누린다.	커피 전문점이나 식당 할인, 놀이 공원 무료입장, 휴대폰 요금 할인, 주유비 적립 등 다양한 혜택으로 돈을 절약할 수 있다.
3) 가계부를 쓴다.	계획적인 지출을 하도록 돕는다.

4. ❷

5. 1) ○ 2) × 3) ×

〈3〉 탄소 발자국

어휘 연습

1. 발생하는, 줄이려는, 절약하게, 실천하는, 떠올릴

2.

1) 반지, 뱃살, 얼룩
2) 번호표, 커피, 흰머리
3) 이산화탄소, 가스, 쓰레기

3. 1) 영 점 육 톤　2) 이십칠 점 오 킬로그램
   3) 팔십삼 퍼센트　4) 백십사 센티미터
   5) 사십이 점 일구오 킬로미터

내용 이해

1. ❸
2. 1) 흔적을　2) 영국에서　3) 지구 온난화는
   4) 교통수단 이용으로
3.

과거	미래
1) 지방 출장을 갈 때 비행기를 자주 이용했다.	고속열차나 고속버스를 이용하겠다.
2) 샤워를 하면서 20분 이상 물을 틀어 놓았다.	필요할 때만 잠깐 틀고 잠그겠다.
3) 일회용 종이컵을 하루에 서너 개씩 사용했다.	개인 컵을 마련하여 사용하겠다.
4) 날마다 사용하는 컴퓨터나 텔레비전은 귀찮다는 이유로 신경을 쓰지 않았다.	출근하거나 외출하기 전에 전기 제품의 플러그를 뽑아야겠다. 전력이 덜 소비되는 전구를 구입하겠다.

4. 직장 동료의 생일에 예쁜 머그컵을 사 주어야겠다.
5. 1) ×　2) ×　3) ○

제 9 과 축제와 삶

〈1〉 축제란 무엇인가?

어휘 연습

1. 1) 형성하다 — 어떤 구조나 조직을 이루다
   2) 동일하다 — 똑같다
   3) 풀어쓰다 — 알기 쉽게 설명하다
   4) 자리 잡다 — 제 자리에 위치하다
2. 1) 인식하고　2) 겹쳐져　3) 진지하게
   4) 고단했는지　5) 유지하기
3. 1) 행복 — 누리다
   2) 잔치 — 벌이다
   3) 일상 — 벗어나다
   4) 축제 — 벌이다
   5) 장수 — 누리다
   6) 걱정 — 벗어나다

내용 이해

1. ❹
2. ❷, ❹
3. 일상에서의 탈출
4. 1) 신의 영향력이　2) 여유 있는 삶과 문화를
5. 1) ○　2) ○　3) ×

〈2〉 춘향제에 다녀와서

어휘 연습

1. 1) 선발되었다 2) 재현해 3) 연결되어서 4) 보존하는
2.

1) 감옥, 방, 승강기
2) 목소리, 미모, 미소
3) 행사, 파티, 박람회

3. 1) 가장행렬, 경기, 시합, 축제 — 행사
   2) 기생, 사또, 암행어사, 양반 — 신분
   3) 경기, 영남, 호남, 영동, 영서 — 지역

내용 이해

1.

주인공	성춘향과 이몽룡
내용	1) 성춘향과 이몽룡은 광한루에서 만나 사랑에 빠진다. 2) 기생의 딸인 성춘향과 양반의 아들인 이몽룡은 신분 차이가 크다. 3) 그러나 그들은 영원한 사랑을 약속한다. 4) 몽룡이 과거시험을 보러 한양에 가 있는 동안 춘향은 여러 가지 어려움을 겪는다. 5) 암행어사로 되고 나서 남원에 돌아온 몽룡은 춘향과의 약속을 지킨다.

2.

처음 시작된 해	1931년
열리는 시기	매년 5월 첫째 주
글쓴이가 직접 본 행사	춘향사당에서의 제사, 남원시민 수천 명이 참여하는 가장행렬, 춘향선발대회

3. '춘향국악대회', 전통놀이와 국악기 연주 체험, 씨름 경기, 춘향 그네뛰기, 다문화가족의 전통 혼례, 다양한 해외 공연주 체험, 씨름 경기, 춘향 그네뛰기, 다문화가족의 전통 혼례, 다양한 해외 공연
4. ❶
5. 1) ○　2) ×　3) ○

〈3〉 인제 빙어 축제

어휘 연습

1. 1) 막을 열다 — 공연이나 행사를 시작하다
   2) 배꼽을 잡다 — 배를 잡고 크게 웃다
   3) 파편이 튀다 — 깨진 조각이 여기저기에 흩어지다
   4) 비명을 지르다 — 아주 기쁘거나 놀라서 큰 소리를 내다
2. 1) 투명한 2) 무료함을 3) 우스꽝스럽게
   4) 유인하기
3. 1) 농촌 — 논밭, 농작물, 농부
   2) 어촌 — 배, 생선, 어부
   3) 산촌 — 산, 나무, 산나물
   4) 탄광촌 — 석탄, 광물, 광부

내용 이해

1. ❹
2. 1) 빙어천국 : 빙어 낚시, 빙어 요리 체험
   2) 놀이천국 : 얼음축구, 눈썰매, 빙상 볼링, 빙상 인간컬링, 빙상 경보대회, 빙판 줄다리기
   3) 얼음천국 : 얼음 조각, 눈꽃나무숲 감상
   4) 산촌천국 : 이 지역 산촌에서 사는 사람들의 생활 방식과 음식, 놀이 문화등을 체험
3. 소양호 : 얼음 세상, 은빛 세상
   빙어 : 은빛 요정
4. 빙어 낚싯대, 낚시 의자, 무릎담요
5. 1) × 2) ○ 3) ×

제 10 과 현대를 살아가는 사람들

〈1〉 아름다운 세상을 여는 사람

어휘 연습

1. 1) 보장이 2) 처지에 3) 제적이 4) 회의가
2. 1) 판검사, 변호사 2) 교도소 3) 투쟁
   4) 무관하다 5) 진로
3.

______받다	______당하다
보호받다, 대접받다, 사랑받다, 존경받다, 주목받다	고통당하다, 거절당하다, 무시당하다, 설득당하다, 이용당하다

내용 이해

1. (다) → (가) → (나) → (마) → (라)
2. ❹
3. 돈과 권력이 아니라 보람으로 사는 것
4. 사람들이 별로 가보지 않은 길, 위험도 있겠지만 그보다 더 큰 보람을 느낄 수 있는 길
5. 1) × 2) ○ 3) ○

〈2〉 핸드폰 때문에 생긴 일

어휘 연습

1.
   1) 얹혀살다 — 남에게 의지하여 도움을 받으며 같이 살다
   2) 불이 나다 — 어떤 일이 계속하여 급하게 벌어지다
   3) 주눅이 들다 — 기가 죽어 자신감이 없고 당당하지 않다
   4) 철이 들다 — 여러 상황을 이해하고 판단할 수 있게 되다
2. 1) 정작 2) 도대체 3) 연신 4) 부랴부랴
   5) 번번이
3.

1) 원성, 소문, 칭찬
2) 꽃향기, 미소, 색, 싸움
3) 지하철, 고속도로, 전화, 철도

내용 이해

1. ❶
2. ❶
3. 보름날 밤 앞산에 달이 둥실 떠올랐을 때 만나자
   그림자가 제일 짧아졌을 때 버드나무 삼거리에서 만나자
4. 만나서는 같이 있는 사람에게 최선을 다하지 않고

그 자리에 없는 다른 누군가와 열심히 대화를 한다. 어떤 친구는 한 손으로는 차를 마시면서 다른 손으로는 열심히 문자를 보내고 있다.

5. 1) ○ 2) × 3) ○

〈3〉 현대인의 삶과 시

시 1 〈희망을 만드는 사람이 되라〉

내용 이해

1.

희망	절망
봄눈, 별, 꿈	어둠, 잠, 겨울밤

2. 리듬감(음악성)을 살릴 수 있다. 작가의 의도나 의미를 강조할 수 있다.

3. 어둡고 절망적인 현실(세상), 어둠, 사랑과, 희망, 꿈을

시 2 〈지구의 근황〉

내용 이해

1. 푸른 붓, 녹색 분수, 자연국의 사신, 잡초, 푸른 문신, 나무 반지, 나무 목걸이, 푸른 넥타이, 푸른 오랏줄

2. 아스팔트 도로나 고층건물, 아파트 등 인간의 편의를 위해 만든 시설들이 녹색 숲을 밀어내고 녹색 숲보다 더 많은 자리를 차지하고 있다.

3. 산업화와 개발 논리가 인류가 살아가는 지구의 환경을 오염시키고 파괴하므로 병든 지구를 되살리기 위한 환경적 차원의 노력을 기울이자. / 사지가 굳는 것처럼 병들어가는 지구의 모습을 알리고 대책을 찾아야 하는 절박함을 알리고자 한다.

시 3 〈우리말 사랑 1〉

내용 이해

1.
① 달리기 — 조깅
② 찬물 — 냉수
③ 아내 — 와이프
④ 일터 — 직장
⑤ 가게 — 슈퍼

2. 우리 고유의 문화를 잃어가고 있는 현실을 외래어 사용을 통해 보여주고 싶어한다. 고유의 한국어(순우리말)를 살려 쓰자.

어휘 색인

어휘 색인

어휘 색인

YONSEI KOREAN READING 4

어휘 색인

어휘 색인

출전

과	소주제	출전
01	〈2〉	이희경(1999), 『느린 것이 아름답다』,녹두, pp.129-132
	〈3〉	한정식(1999), 『사진-시간의 아름다운 풍경』, 열화당, pp.40-41
02	〈2〉	전성일(2004), 『성격을 바꾸면 성공이 보인다』, 미래북, pp.14-17
	〈3〉	김형경(2006), 『천 개의 공감』,한겨레출판, pp.23-28
03	〈2〉	지동직(2006), 『 배려의 기술』, 북스토리, pp.212-214
04	〈2〉	EBS 〈동과서〉제작팀 · 김명진(2008), 『EBS다큐멘터리 동과서』, 예담, pp.219-221
	〈3〉	사이토 아케미(2006), 『다른 듯 같은 듯 -언어와 문화의 한 · 일 비교-』, 도서출판 소화, pp.76-79
05	〈3〉	전국국어교사모임/김슬옹(2003), 『우리말우리글2』, 나라말, pp.218-221
06	〈1〉	이어령(2006), 『디지로그』, 생각의 나무, pp.89-92
	〈3〉	이용훈 외(2008), 『책, 세상을 탐하다』, 평단, pp.125-130
10	〈1〉	전국국어교사모임(2001), 『우리말 우리글 1』, 나라말. pp.24-26
	〈2〉	박경화(2006), 『고릴라는 핸드폰을 미워해』, 북센스, pp.18-22
	〈3〉	정호승(희망을 만드는 사람이 되라) 함민복(지구의 근황) 서정홍(우리말 사랑1)

참고 자료

과	소주제	참고 자료
01	〈1〉	• 이노우에 토시히코 · 스다 아키히사 지음, 유영초 옮김(2004), 『세계의 환경도시를 가다』, 사계절. • 가장 살기 좋은 도시? 취리히! (머니투데이 김경환 기자, 2008년 6월 21일, http://www.mt.co.kr/view/mtview.php?type=1&no=2008062114253547939&outlink=1) • http://www.mercer.com/home
02	〈1〉	• 최권진(2007), 『속담으로 배우는 한국어 2』, 한국문화사.
05	〈1〉	• 이젠 다양한 가족형태 인정할 때(한겨레신문 김성재 기자, 2004년 9월 22일, http://www.hani.co.kr/section-005100032/2004/09/005100032200409221836327.html)
06	〈2〉	• EBS 지식채널 e(2005), 『지식 e SEASON 1-가슴으로 읽는 우리 시대의 지식』, 출판사 북하우스. • 국민일보 쿠키뉴스 ['TV끄기 시민운동' 출범] '시청자 주권잡기' 전국 확산 (2005년 1월 23일, http://www.kukinews.com/news/nMain/index.asp) • www.tvturnoff.org
07	〈1〉	• 김용란(2002), 『우리 풍속 이야기』, 대교출판.
	〈2〉	• 주강현(2007), 『100가지 민족문화 상징사전』, 한겨레아이들.
	〈3〉	• 김용란(2002), 『우리 풍속 이야기』, 대교출판. • 정혜경(2009), 『천년 한식 견문록』, 생각의 나무.
08	〈1〉	• '착한 소비'하고 있나요? (미디어 오늘, 2008년 2월 5일, www.mediatoday.co.kr) • http://www.fairtradekorea.net/ • http://www.fairtradewebzine.co.kr/
	〈2〉	• 주용중 외(2006), 『대한민국 뉴 리더 2029 트렌드』, 해냄.
	〈3〉	• 린다 실베르센 · 토시 실베르센 지음, 김재민 옮김(2008), 『어머니 지구를 살리는 녹색세대』, 출판사 맥스미디어. • http://actonco2.direct.gov.uk/home.html • http://www.greenstart.kr/USR_main.jsp??=MAIN/index
09	〈1〉	• 유럽문화정보센터(2003), 『축제와 문화』, 연세대학교 출판부.
	〈2〉	• http://www.chunhyang.org/
	〈3〉	• http://www.injefestival.co.kr/